高职院校校企合作体制改革实践研究

高晓琛　著

中国纺织出版社有限公司　|　国家一级出版社
全国百佳图书出版单位

内容提要

本书根据应用型人才培养的基本要求，对产教融合—校企合作体制机制创新、现代学徒制人才培养模式、高职院校课程开发与教材建设等方面展开研究，对高职院校校企合作双主体办学的管理创新与实现途径进行了阐述。

本书可供教育政策制定者进行决策参考，也可作为职业教育的相关研究工作人员的参考用书。

图书在版编目（CIP）数据

高职院校校企合作体制改革实践研究／高晓琛著．—北京：中国纺织出版社有限公司，2020.7（2025.6 重印）

ISBN 978－7－5180－7075－6

Ⅰ．①高…　Ⅱ．①高…　Ⅲ．①高等职业教育－产学合作－教育体制改革－研究—中国　Ⅳ．①G718.5

中国版本图书馆CIP数据核字（2019）第272873号

责任编辑：沈　靖　　责任校对：王花妮　　责任印制：何　建

中国纺织出版社有限公司出版发行
地址：北京市朝阳区百子湾东里A407号楼　邮政编码：100124
销售电话：010—67004422　传真：010—87155801
http://www.c-textilep.com
中国纺织出版社天猫旗舰店
官方微博http://weibo.com/2119887771
河北晔盛亚印刷有限公司印刷　　各地新华书店经销
2020年7月第1版　　2025年6月第2次印刷
开本：710×1000　1/16　印张：12.75
字数：211千字　定价：69.00元

前　言

2017年初，国务院下发了《国家教育事业发展“十三五”规划》，明确提出，要“推动具备条件的普通本科高校向应用型转变”“把办学定位转到培养应用型和技术技能型人才上来，把办学模式转到产教融合、校企合作上来，到‘十三五’末，建成一批直接为区域发展和产业振兴服务的中国特色高水平应用型高校”，再一次提出了普通高校的办学模式要转变到校企合作上来。

校企合作强调校企双方的互相协作、相互配合。从通俗意义上说，也叫产学研结合，即通过政府的政策扶持和协助，学校根据企业和社会用人单位的需要设置相关课程，并通过和行业企业专家共同研究，制订出各专业学生的教学大纲、教学内容及教学模式。除了这种方式外，学校也可以定期把企业的技术骨干请到学校来为学生做报告或者讲学，让学生不但能够学习理论知识，也能够尽早了解本行业或者本领域的最新技术，学习到更加实用的知识。通过校企合作、产教融合的办学模式，高职院校培养出了更多的、企业发展所需要的优秀技术型人才，真正实现应用型高校为地方经济发展服务的目的和作用。同时，为学生提供更多的到行业或是企业内部进行校外实训的机会，使学生能够更快地把理论知识转化为解决实际问题的能力。

学校拥有良好的学术研究氛围、便利的教学资源，不少民办院校还拥有相对有实力的科研力量，这些都是企业所无法比拟的。因此，企业可以充分利用学校的资源，来为员工进行继续教育或者培训。另外，学校的很多软件、硬件资源，如教师、图书馆、运动场和实验设备等，也可以为企业文化的打造贡献力量。比如，企业可以邀请学校训练有素的教师队伍对新进员工进行岗位培训，可以利用丰富的学生资源来对新产品进行市场调研，也可以利用科研力量及实验装备进行新产品研发等。

综上所述，校企合作一方面能够节约学校和企业双方的人力、财力和物力，降低双方的生产或运营成本；另一方面，能够尽快把研发的科技成果转化为现实生产力，加快产品的更新换代。这样不但实现了双方的互利互惠、长久发展，而且有力地促进了地方经济的良性发展。

本书根据应用型人才培养的基本要求，在相关教师多年教学和对学生应具备的素质、能力和知识结构进行系统分析的基础上，以“深化产教融合、校企合作，推动高等职业教育教学改革”为主题，对产教融合—校企合作体制机制创新、现代学徒制人才培养模式、高职院校课程开发与教材建设等方面展开研究；从历史分析与现实境况、治理理论与模式选择、治理结构与实现途径、机制创新与实践突破、企业责任与利益驱动、国际经验与现实启示、制度环境与政策建构、研究结论与对策建议等方面，对高职院校校企合作双主体办学的治理创新与实现途径进行了阐述。本书可供教育政策制定者进行决策参考，也可作为职业教育的相关研究工作人员的参考书。

本书在编写过程中借鉴了相关领域的诸多优秀研究成果，在此向这些珍贵文献的作者表示由衷的钦佩和感激。

由于编者水平有限，书中难免存在疏漏与不足之处，敬请广大读者批评指正。

高晓琛

2020年2月

目 录

第一章　高职院校校企合作的现状与趋势研究

职业教育校企合作是当今各发达国家职业教育的主要形式，而职业教育校企合作的法制化是世界职业教育的发展趋势。目前德国、美国、日本等国的实践已经证明了在职业教育发展中校企合作的重要性，因此，认真研究国外职业教育发展的动态，从中找到一些规律性的、前瞻性的、理念性的经验，对探索我国职业教育的发展之路，在实践上具有深远的意义。本章分析了几个职业教育健康发展的国家的校企合作的法制化进程，总结他们的成功经验，找出其中的共性，从而借鉴和学习。

第一节　国外校企合作的现状与经验

一、德国职业教育校企合作法律制度分析

德国的职业教育为德国的经济健康发展培养和训练了大批劳动力。长期以来，德国一直把高技能人才的摇篮——职业教育作为立国富民的秘密武器，德国制造业的成功也归功于高水平的职业教育以及给予技术工人们的高水平待遇。

德国的职业教育是世界职业教育中最为成功的范例之一，其职业教育校企合作模式为双元制职业教育模式，构建了以《联邦职业技术教育法》为基本法，囊括《企业基本法》《劳动促进法》《青少年劳动保护法》等职业教育法律，《手工业条例》《工商企业实训教师资格条例》《职业培训条例》和

《考试条例》等规章和各州的相关法律在内的职业教育法律体系，对双元制模式下的企业资格、经费来源、管理制度、培养目标、学制长短、专业设置、课程安排、教师资格、考试办法等提出了明确的、操作性强的要求，同时还设立了一套职业教育实施监督系统，完善双元制职业教育模式的管理和运行。

（一）双元制模式

双元制模式强调的就是校企合作，以法律的形式确定职业教育的两个主体，即学校和企业。学习者具有双重身份，既是学生，又是学徒。学生与企业签订培训合同，同时又是职业学校的学生，既在企业接受职业技能和相应知识的培训，在企业的实践教学占 70%，又在职业学校接受专业理论和普通文化知识的教育，在职业学校的理论教学占 30%。学校教育与企业培训的办学费用分别由各级政府与企业全额负责。双元制模式的师资分为企业的实践指导教师和职业学校的理论教师，企业的实践指导教师由企业提供，一般是完成“双元制”职业培训后具有五年以上职业实践的“师傅学校”的毕业生，或者是经“双元制”职业培训后具有两年以上职业实践的“专科学校”的毕业生；职业学校的理论教师是经过四年专业学习及两年师范学习，再经过教学实习并通过二次国家考试的大学毕业生。德国职业教育双元制模式如图 1-1 所示。

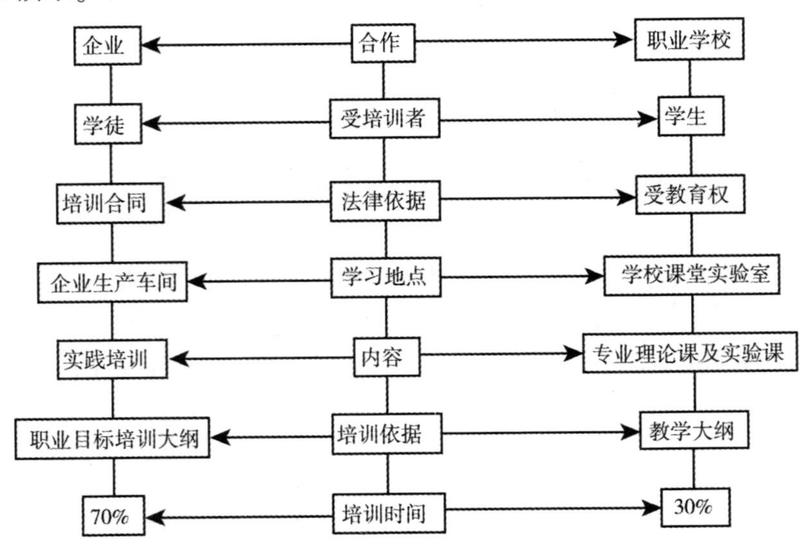

图 1-1　德国职业教育双元制模式图

双元制模式有以下特征：①该培训体系的组织结构是双元的，由按市场规律活动的私人经济培训组织（企业）及其自我管理机构行会和通过制定法律法规来规范市场的学校和企业共同构成；②私人企业作为最重要的培训场所对培训起决定性作用，双元制职业学校是国家教育体系里专门设置的职业教育学校，在国家义务教育的框架里实施职业教育，青少年在学校的身份是学生，在企业中是特殊身份的雇员——受培训者；③培训内容首先由企业和企业的利益集团组织，如行会来决定，总的培训条例由企业行会、工会以及国家管理机关人员按照法定程序决定；④双元制的培训费用一般由企业自己承担，用于培训的费用可以作为企业成本在纳税时扣除，国家承担职业学校的费用；⑤传统的手工业培训的两大原则——职业化原则和自我管理原则，这两大原则仍在"双元制"职业培训中体现得非常明显。

构成双元制的两个决定性的因素，一是根据自由市场经济规则构成的培训体系；二是国家颁布的职业教育法框架下的国家干预，包括统一的培训职业名称、培训内容、考核标准、职业教育研究和预测等。

双元制模式将企业与学校、理论知识与实践技能紧密结合起来，以职业活动为核心，同生产紧密结合。这样的模式更强调对立法的要求，以保障合作双方的权益。

（二）相关法律制度剖析

德国职业教育实行的是双元制模式，强调以校企合作为核心，在双元制模式下，德国职业教育校企合作法律关系的主体——学校与企业，是以企业为中心的。德国职业教育的法律基本都涉及学校与企业的责权利。下面对德国从 1969 年颁布《联邦职业技术教育法》至今的校企合作相关法律，用简单的概况图进行排列（图 1-2），然后对各个相关法律的内容及其对德国职业教育发展的影响进行梳理分析。

1. 基本法

1969 年 8 月 14 日颁布的《联邦职业技术教育法》是德国职业教育最基本的法令，在 1981 年和 2005 年德国先后对该法进行了合并和修订，此法对德国的职业教育及校企合作做了较全面和原则性的规定。《联邦职业技术教育法》最重要的贡献在于确立了双元制职业教育的法律地位，使双元制成为德国职业技术教育的重要形式，为各州的职业教育确立了广泛而统一的法律基

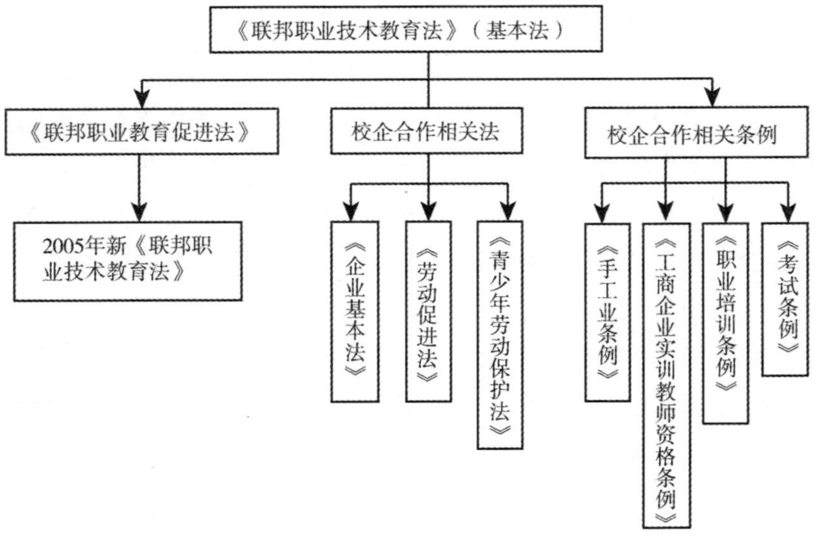

图 1-2 德国职业教育校企合作法律制度概况图

础，为职业教育的校企合作提供了保障。该法规定，职业教育包括初始职业教育、职业继续教育和职业改行培训（或称职业转业训练），内容包括职业培训合同的签订、企业实施职业教育的资格、职业教育实施方及受教育者双方的责任和义务、受教育者享受培训津贴的权利、职业教育场所的必备条件、考试要求、考试证书的等值、违法行为及惩罚等，其中对学徒的文化及专业理论学习时间、学徒享有的休假时间、学徒的报酬比例等做出了非常具体的规定。依据《联邦职业技术教育法》，职业教育的学习者具有两种身份，既是学生，又是学徒。作为学徒，在培训前须与企业签订培训合同，才能到职业学校接受职业教育，企业对学徒的培训都必须遵守该法中规定的全国统一的规章条例。

以职业教育基本法为依据，1981 年，制定了《联邦职业教育促进法》，1982 年开始实施，该法是对《联邦职业技术教育法》的补充和完善，为职业教育规划、职业教育统计和联邦职业教育研究提供了法律基础，明确联邦职业教育研究所成立及其目标、权利和义务、工作任务等，认为职业教育应成为公共事业的责任和义务，保证职业教育在质量和数量上稳定持续地发展。《联邦职业教育促进法》规定德国所有国营和私营企业，必须向国家缴纳一定数量的职业教育基金，国家再依据培训的职业、培训的年限、培训的规模、培训企业所处区域等，按照基金发放的一定标准，面向培训

企业和跨企业培训中心统一分配和发放该基金。不同的职业教育培训企业所获的培训经费存在很大差别。一般情况下，企业可获得占其净培训费用50%~80%的培训补助，当所培训的职业符合发展趋势时，企业可获得100%的培训补助。

2. 校企合作相关法

《企业基本法》于1972年通过，主要针对企业的职业教育作出相关规定，明确界定了企业在职业教育校企合作中应有的权利和义务；企业和企业管理委员会应连同负责职业教育的部门和机构共同担负促进学徒职业教育的任务，在企业内的职业教育问题上给予建议、咨询和顾问；同时，该法明确指出职业教育技能人才的培养是学校与企业双方的共同诉求，参与培训的企业对职业教育负有完全责任，不允许把培训学徒当做单纯劳动力使用。该法规定，在德国的任何一个企业、商会、个体经营者或者工商界的法人单位都必须参加本地相应的行业协会。行业协会行使对培训企业的资格审定及运行监督的职责。在行业协会的监督下，企业与学校一起承担职业教育的责任。

1969年颁布的《劳动促进法》规定了职业教育以及职业教育不同的形式，通过各种职业培训，使就业者达到较高技术水平，从而改善就业结构，促进经济发展；规定企业至少应有5名工人代表参与职业教育的实施，企业对学徒的培训必须达到规定的培训标准，同时还颁布了统一的培训标准；该法对失业人员的培训、经费、培训机构、咨询服务做出规定，对在职进修人员的收入、待遇及提供的帮助等问题也做出了具体的规定。该法律明确规定企业委员会需共同商定企业职业教育的实施、设备、所采取的相关措施以及参加跨企业培训的时间安排，并且如果企业能为经过培训的失业人员提供一个工作岗位，国家将向企业支付最多为12个月的“熟悉工作补贴”。

《青少年劳动保护法》于1960年通过，1976年又通过其修订法案。《青少年劳动保护法》对正接受职业培训的青少年从工作时间、报酬、休假等方面作了特殊的保护规定，通过立法保障了青少年在享有法律规定18岁以下完成职业义务教育的权利的同时，还有接受职业培训的权利。同时，在法律中还规定青少年在获得国家承认的培训职业的培训结业证书后，同中学毕业生一样也可以进一步学习深造，并且通过满师考试的满师培训生有机会进入高校继续学习。1976年修订的《青少年劳动保护法》规定了企业在职业教育中的主体责任，企业必须保证青少年在规定时间内完成法定职业教育培训，依

照《联邦职业技术教育法》中对企业培训合同条款的详细规定，在青少年接受职业培训期间，企业要支付学徒一定比例的报酬。

3. 校企合作相关条例

《手工业条例》于1965年颁布，它是对在《联邦职业技术教育法》中未作规定的手工业行业的职业培训的专门规定，在规定雇主应保证对在企业接受职业培训的学员提供一定比例时间到职业学校学习的同时，对手工业行业的职业培训也作了详尽而具体的规定，规定了培训企业资格、培养目标、培训内容、培训时间、培训企业与受培训学员的责任和义务、考试内容、考试与培训的监督等。

1972年颁布的《工商企业实训教师资格条例》，是由联邦劳动和社会秩序部通过，根据《联邦职业技术教育法》第21条规定而制定的，它明确了企业职工委员会和企业在职业教育上的义务，对双元制职业教育中实践培训的师资问题作了具体的规定，规定了工商企业实训教师的基本资格条件、资格考试规则要求、职责范围、具体工作任务等。

《职业培训条例》是企业实习培训课程的设置依据，它是由联邦教育与科学部制定的各类职业培训在全国范围内的统一标准和内容，企业职业培训必须严格按照条例所规定的标准和内容进行。在德国，所有职业类型都由工商协会依据产业结构变化、新技术的变更进行调整和制定，并定期向社会公布。双元制职业教育中的学校和企业只能进行专业课程的实施，无权自行设置新专业。目前规定的职业大类约93种，对应的职业（专业）约有371个。《职业培训条例》对每一种职业培训都有严格的规定，对国家承认的培训职业从职业名称、职业描述、培训大纲、培训计划、培训时限、考试要求（中间考、结业考）等各个方面进行了规定，并从原则上规定不允许未进行正规职业培训的人员直接从事职业工作。《职业培训条例》规定了统一的考核机制，每一职业考核必须达到的最低标准，并且规定考核由行业协会组成的考试委员会负责实施，企业和学校无权自行对学生进行考试。学生必须参加相关职业大类的统一考试，取得相关职业资格证书后才能在相应的职业岗位上岗工作，成为企业的正式员工。

《考试条例》由各个行业协会根据《联邦职业技术教育法》制定，行业协会按《考试条例》规定的考试标准和内容组织实施考试。《考试条例》经州最高主管当局批准，对考试资格、考试安排、评价标准、考试证书颁发、

违反考试条例的后果及补考做出规定。规定由行业协会跨地区或通过命题委员会制订或选定考题，只要是命题委员会制订或选定的考题，就必须予以接受。联邦职业教育研究所主管委员会颁布《考试条例》的准则。《考试条例》规定每个职业考试的最低标准，将考试分为中间考试和结业考试两种，中间考试是在学习一年半的时间考试，结业考试在学习结束后按全国统一要求在统一时间内进行，成绩分别占总成绩的40%和60%。考试由考评委员会主持进行，考评委员会成员包括学校代表、雇主代表及雇员代表三方，三方代表人数各占1/3。学生在行业协会的监督下进行两次考试，经考评委员会审核同意后发给结业证书和职业资格证书。这种教考分离的考核办法和严格统一的管理机制，有利于教学质量的保障。

（三）德国职业教育法律监督

德国职业教育立法监督系统完备，便于操作。以评促改，以督促建，是完善职业教育立法的一个基本思路。德国职业教育立法除了对其发展的各个环节、各个方面，所涉及的各个层次的法律受用者进行详细而具体的要求以外，还建立了一套完善的监督系统。这一完整而独立的体系为职业教育的发展提供了保障。例如，“违反职业培训条例就是违法”是德国相关法律的硬性要求，当出现与条例、规章相悖的行为时，可“判处关押”或“处以罚金”。基于此，职业教育的运行和监管都以法律的形式确定下来，为德国职业教育的稳步发展保驾护航。

1. 学生持证上岗受行业协会监督

在德国，培训是学校和企业的事，而考核，却是行业协会的事。按照《企业基本法》的规定，学生在学校接受理论学习，在企业进行岗位培训，完成所学的课程和实践操作任务后，要到行业协会进行资格考试。一般情况下，行业协会指派5人担任考官，对学生进行理论和实践的全面考核。考核合格后，发给资格证书。这种考核办法，体现了公平的原则，使岗位证书更具权威性。

根据德国法律法规，持职业资格证上岗对劳资双方均有法律效力。求职者通过职业教育获得由行业协会考试认证的职业资格是有效证明。据统计，大约有60%的德国人通过双元制或全日制职业教育在20岁时得到有关职业证书。因而，德国政府、企业组织（商会、行业协会等）和学校三方实际上是围绕全国统一、业内公认的职业认证开展职业教育。国家职业资格认证具有透明性、统一性和确定性，促进了技术积累，也为政府、企业和社会提供了稳定预期。由此，教育者可以确保他们所提供的教育具有经济价值，雇主借此可确保现有职业教育与职位的匹配，学员可以确保其教育投资得到雇主认可。

2. 行业协会受联邦部委监督

行业协会商会代表行业企业，是“职业教育的组织者”、主要监管机构和“质量守护者”，接受联邦部委的监督。行业协会具体职能包括：登记和管理职业培训合同；评估和授予企业及员工培训资质；为企业和学员提供咨询培训，尤其是跨企业培训；监督企业职业培训及其准备；在地方组建由三方成员共同组成的考试委员会，并组织中期和结业考试；为通过考试学员颁发全国认可的职业资格证书。行业协会还定期开展行业调查，提供职业指导工资，进行行业培训经费统筹。通过对企业培训实施全过程的组织管理，行会代表企业保证培训的高质量和高社会认可度，这与中世纪行会立法管理学徒的传统一脉相承。

3. 工会代表学徒利益，对企业和教育机构监督

工会代表学徒利益，进行社会保护和监督，是职业教育最高委员会、地方性委员会、考试委员会的成员。因而，可以代表学徒向各级委员会提建议，参与企业培训标准开发，监督企业培训，共商学徒生活津贴金额，谈判职业资格证书。培训合同中有关体检、福利待遇及假期、工作时间、合同终止等内容无不体现着工会对学徒的社会保护。

《联邦职业教育法》的第六部分为“罚款规则”，即对企业在实施职业教育中违反法律的行为作出惩罚性规定。德国对于教育机构资质的认定有严格的要求，对其监督也依法进行。该法第 32 条、第 33 条规定，主管机构对教育机构及其人员的品质和专业资质进行监督，一旦发现资质缺陷，如缺陷可弥补且对受教育者不造成伤害，则在期限内予以弥补，若资质缺陷不可弥补或对受教育者造成缺陷，则取消该机构的资质并禁止其招收和教育受教育者。企业违反法律的行为包括：没有规范地与受教育者签订职业教育合同，违背教育目标，没有让受教育者脱产参加职业学校学习和考试，在不具备教育资质的情况下招收受教育者，不配合监督部门的监督工作等。对于违反法律的

行为给予相应的处罚，根据情况处以1000~5000欧元不等的罚金。

（四）德国职业教育校企合作法律制度的借鉴

德国的职业教育法律体系非常完善，不仅针对性强，而且层次完整。其职业教育校企合作法律制度由一个基本法、若干个单行法和相关行政法规及配套法规组成。不论是以基本法形式，还是以其他形式出现的职业教育法规，都对德国职业教育的校企合作进行了操作性强的规范，促进了德国职业教育的健康发展。

1. 对职业教育主体的确定

德国以立法的形式确定了企业与学校是职业教育的两个主体，但不是所有企业都能参与到校企合作中。法律规定参与职业教育的企业必须具备一定资格，通过资质认证才能开展职业教育，与学校一起合作进行职业教育人才培养。职业学校由各州教育部管理，遵循《州学校法》；企业与学校都遵循《联邦职业技术教育法》；企业同时遵循《职业培训条例》，由联邦教育部管理。学员有两个身份，学习在两个地方进行，学习内容也是两种，其中学徒在企业的职业培训占主要部分，达到整个职业学习的70%，而职业学校的文化课程及专业理论课程占30%。

2. 对合同关系的详细阐述

《联邦职业技术教育法》第二部分第二节第一小节确立了职业教育合同关系，阐述了职业培训合同、培训合同的签署及无效协议。规定培训合同至少包含：职业教育的形式、内容和时间安排及职业教育目标；职业教育的起始时间和学制；教育机构外企业的相关措施；津贴支付与金额；休假期限；解除职业教育合同的条件；以通用形式指明适用于该职业教育培训关系的工资合同、企业和学校的公务协议。

3. 对受教育者的保障

《联邦职业技术教育法》第二部分第二节第二小节简短地阐述了受教育者的义务；第三小节和第四小节详细规定了教育提供者的义务，从脱产方式、证书发放、津贴支付等方面对教育提供者的义务进行了界定。教育提供者的义务为：致力于向受教育者传授实现教育目标所必要的职业行动能力，按照教育目的所要求的实施形式，有计划地从时间和内容上系统安排并实施职业教育，使教育目标在预定的教育时间内得以完成；亲自进行或明确委托企业教师进行教育；免费为受教育者提供参加职业教育及中期考试和结业考试所必需的教育用品，特别是工具和材料，即使这些考试在职业教育关系结束之后进行；督促受教育者去职业学校学习并开具在职业教育的范围内所要求的教育证明，并对其进行检查；致力于促进受教育者的个性发展，使其在道德和身体方面不受损害。《联邦职业技术教育法》第三小节还从津贴、假期等多个方面对受教育者的权益进行了保障。

4. 对双方责权利的详细规定

德国的职业教育校企合作法律对校企合作参与双方——企业与学校的责权利有明确的规定，特别是对教育提供者的责权利有着详尽的规范。根据《联邦职业技术教育法》，职业教育企业培训必须遵守该法第 11 条中对企业培训合同签订的全国统一的规定，须在培训前与学徒签订培训合同，在《联邦职业技术教育法》中对合同的形式和内容、企业的责任和义务、学徒在企业的学习保障等进行了非常详细的规定。职业教育学习者与企业签订培训合同，就有了第一个身份，即企业的学徒；同时还具有另一种身份，即职业学校的学生。学徒选择培训的职业必须是《职业培训条例》中所收录的全国统一的、国家承认的职业，职业教育企业对学徒的职业教育培训也必须按照《职业培训条例》对职业培训大纲、职业培养目标、职业培训内容、职业培训时限和考试要求等的统一规定进行。学徒的培训期一般为三年，在此期间，企业依据《联邦职业技术教育法》的规定要支付给培训学徒一定比例的酬劳，安排节假日休息以及到职业学校接受义务教育。除了基本法外，还有《青少年劳动保护法》等相关法规共同保障学习者的权益。

5. 对违法行为的界定及处罚

《联邦职业技术教育法》第六部分为处罚条款，详细阐述了违反规则的行为，包括违反了哪几款哪几条，并具体阐明了违反规则的罚金，内容非常具体，具有可操作性。例如，违反第 11 条第 1 款第 1 点，以及与此相关的第 11 条第 4 款的规定，没有、没有正确地、没有完整地、没有按照规定方式或没有及时将合同的重要内容或合同的重要改动写成文本；违反第 11 条第 3 款规定，以及与此相关的第 4 款的规定，没有或没有及时出具签字合同文本；违反第 14 条第 2 款规定，向受教育者安排不符合教育目的的工作；违反第 15 条

的规定，没有为受教育者提供所需时间；对第一条第 1 款第 3～第 6 点违反规定的情况可处以最多 5000 欧元罚金，其他违纪情况可处以最多 1000 欧元罚款，以示惩戒。

德国职业教育通过法律制度保障双元制校企合作模式，规范企业参与职业教育，为我国校企合作提供了很好的借鉴，但这种模式也存在以下一些问题。一是职业教育人才培养过分依赖企业可能会使职业教育缺失其教育属性。企业参与培养人才更多关注的是对企业的适用性，对学习者的人文素质培养就会有所欠缺。二是经济波动因素对双元制职业教育模式会产生较大的影响。双元制模式规定学生与企业签订合同，学习者既是学生又是学徒，在这种情况下，经济的波动给企业带来的影响也会直接影响学习者，直接影响职业教育。三是双元制课程不利于学生职业发展能力的养成。企业对人才的培养往往根据企业自身发展的需要，如根据具体岗位的需要，有着高度的针对性，不利于学生职业发展能力的养成，一旦因为经济的原因或出现其他种种情况，这些学生离开现有的岗位，将会面临重新就业的困境。

二、美国职业教育校企合作法律制度分析

美国教育立法最典型的特征是分权制，教育立法不仅归州所有，也归联邦所有，判例法是美国教育法的主要表现形式。在立法中，各州享有独立的立法权，联邦主要运用法律制度及教育经费对教育进行宏观调控，实现对教育的干预，联邦还会因为适时的需要而制定相关法律制度。在职业教育校企合作法律制度方面，联邦制定了《职业技术教育法》《从学校到工作机会法》等全国性的法律；各州根据各自的经济发展状况、产业需求及各自教育实际情况，出台州一级的职业教育法。在职业教育法制体系中，联邦和州的教育立法不是处于层级的关系，而是并行的，具备判例法的特点，联邦教育法基本属于拨款法案，州教育法非常全面系统，是对教育各方面的基本规定，联邦和州的教育立法在实践中则主要体现为一种合作关系。美国已经颁布的职业教育法律以全国性的法律为指导，结合各州颁布的法律，以满足各时期各阶段对不同法律的需求，适时修改与废除，从而构成了比较完善的美国职业教育法律体系。

（一）合作教育模式

合作教育模式是工作经历与学校学习结合在一起的一种模式，是校内学习和校外工作结合，学校与社会紧密合作，与德国双元制模式的不同在于合作教育模式是以学校为主，而德国双元制模式是以企业为主。合作教育模式下学生的身份是单一的，其仅是职业学校的学生，到企业是进行实习或实践训练，学生以接受学校教育为主，按几种方式轮流或交替到企业进行技能培训。一种方式是把同专业同年级的学生分成两部分，另一部分在校学习，另一部分在企业接受实训，过一段时间再进行轮换；一种方式是学生一年内到企业实习一段时间，其他时间在学校学习；一种方式是学生基本在企业工作，利用工作之余进行学习，通过学校学习将理论与实践结合起来。

美国国家合作教育委员会对合作教育的基本界定是：合作教育是把课堂学习与通过相关领域中生产性的工作经验学习结合起来的一种结构性教育策略，学生工作的领域是与其学业或职业目标相关的。合作教育通过把理论与实践结合起来提供渐进的经验。合作教育是学生、教育机构和雇主间的一种伙伴关系，参与的各方有自己特定的责任。

合作教育计划有以下几个基本要求：①合作教育作为一种教育战略得到学校的正式确认；②把以特定形式和程序进行的多样化的工作经历与学习结合到一起的结构；③工作经历包括合适的学习环境和生产性的工作；④学生在受雇佣前应接受培训并精心准备，在进行合作教育的过程中应该接受指导并能进行咨询；⑤在学生档案记录中应有合作教育经历的正式认可；⑥在学校、雇主和学生之间有正式合同，主要涉及对工作的描述和新的学习机会，特定的最小工作期限，在受雇佣期间在学校正式注册，学生工作接受学校监督和雇主管理，学生被雇主确认为合作教育雇员，由学生、学校、雇主做出评估并且有学生在指导下做出的反应，学生工作获得报酬；⑦用于雇主和学校进行质量评估的规定以及工作经历和课程之间的相关性；⑧计划设计要使学生、雇主和学校受益最大化。

（二）相关法律制度剖析

1862年美国颁布《莫雷尔法案》，联邦通过拨地的形式支持农工教育，完善了大学的职能，这是高等教育史上里程碑式的举动，促进了美国高等职

业教育的发展。1917年的《史密斯—休斯法》奠定了美国职业教育制度的基础；1937年的《乔治—迪恩法》提出为学校与企业合办职业教育拨款；1963年的《职业技术教育法》将特殊群体以及弱势群体纳入职业教育范畴，保障其受教育的权利，强调职业教育没有对实施对象的限制，扩大了职业教育的范围，打破职业对个体的局限要求，1974年的《生计教育法》规定，将学校教育与受教育者未来意图从事的职业联系起来，教育需为个体未来生计需求及个体发展服务；1982年通过的《合作训练法案》规定，联邦政府资助职业训练计划，各州制订职业训练计划，并参与职业培训协议与合同的签订，在职业训练课程的制订、修改及实施中强调企业的参与；1983年的《就业培训合作法》进一步强调地方私人企业的参与，在职业教育培训中，联邦与州政府以及私营企业主共同参与实施，联邦和各州的政府只起经费资助及指导协调作用；1984年的《卡尔·D. 柏金斯职业技术教育法》强调美国职业教育为全社会服务；1990年对1984年的《卡尔·D. 柏金斯职业技术教育法》进行修订，主要体现在加快了美国职业教育现代化的进程；1994年的《从学校到工作机会法》规定，学校与企业应加强合作，需创造合作关系，在这种合作中，学校与企业都担负一定的责任，企业主要通过提供合作学习课程、实习职位、实地工作指导等形式与学校合作；1994年的《2000年目标：美国教育法》提出，设立全国统一的职业技能标准，使职业教育技能培养有章可循，健康发展。

1. 《职业技术教育法》

《职业技术教育法》规定将特殊群体以及弱势群体纳入职业教育范畴，提出要研究提高职业教育的规模和质量。其最大的特点在于，强调对职业教育的财政支持。该法案提出合作教育的模式，要求职业教育学校与企业要相互合作，各州应为职业教育的合作教育形式提供财政资助，要求职业院校的学生在参与学校学习的同时，也要参加到企业的实践工作中去，学校学习与企业实践交替轮换。1968年国会通过了《职业教育修正案》，增加对职业教育的经费资助，避免因没有职业准备而导致的失业，要将学术教育与技能训练和工作实习有机结合起来，使职业教育不仅成为所有教育的一个基本目标，而且成为一个终身教育的过程。《职业技术教育法》及其修正案，对美国职业教育的发展产生了深远影响。

2.《合作训练法案》

1982 年通过的《合作训练法案》在培训政策上给予州极大的自由，规定由各州制订职业学校培训计划，企业参与职业教育培训课程的制订、修改及实施。法案要求职业学校与企业在职业教育培训中进行合作。在该法案的影响下，公共与私人机构形成了工作关系，其中有联邦对州和地方服务领域的资金支持，每一个受资助的机构都要利用私人工业委员会（PIC）来决定需要怎样的培训计划以及如何执行该计划。

在认识到公共服务就业计划并不是解决社会失业问题的有效方法，只有私有工商企业才能提供具有稳定前景和收益的就业机会的前提下，1978 年《综合雇用和训练法案》修正案第 7 条中已经明确规定设立私有工业委员会，作为地方和州“首要承办者”的合作伙伴参与联邦资助培训项目的设计、管理和实施，同时还要求“私有工业委员会”必须动员更多的企业参与政府的培训计划。但是由于第 7 条在整个拨款中仅占据相当小的比重，在工商业界人士看来这种努力还远远没有改变私有企业被动参与联邦各类培训计划的角色。在 1982 年法案的立法过程中，关于设立私立工商业理事会的提议获得了两院的一致同意并最终体现在立法中。法案要求每一个接受联邦拨款的项目区域都必须建立一个私立工商业理事会，理事会建立后，劳工部将为其直接划拨资金，以确保其能够与地方政府平等自由地协商，法案的这种安排在更大程度上给予了工商业组织平等的参与权和决策权。

3.《卡尔·D. 柏金斯职业技术教育法案》

从 1984 年开始，美国以《卡尔·D. 柏金斯职业技术教育法案》为依据，对职业教育进行了改革。此后，美国多次对《卡尔·D. 柏金斯职业技术教育法案》进行修订，分别形成了 1990 年的《卡尔·D. 柏金斯职业技术教育法案》、1998 年的《卡尔·D. 柏金斯职业技术教育法案》、2006 年的《卡尔·D. 柏金斯职业与技术教育法案》，并于 2017 年提出一项新的修正案《加强 21 世纪的生涯与技术教育法案》。卡尔·D. 柏金斯系列教育法案内容的变迁可以被视为 20 世纪以来美国职业教育发展的缩影。

一是职业教育概念的变迁。从“职业教育”“职业与技术教育”到“生涯与技术教育”的发展，可以分析出职业教育的三个趋势：职业教育逐渐向终身教育趋近；从培养熟练的技术工人向培养高层次的职业人才发展；越来

越重视学术教育和职业教育的结合。二是联邦政府财政资助的变迁。从联邦资助的总额和分配两方面的变化，可以分析出财政资助的三个特点：始终关注弱势群体的权益；州和地方的管理地位不断上升；职业教育逐渐向全民教育方向发展。三是项目学习制度的变迁。从技术准备项目到学习项目的发展，可以分析出项目学习制变迁的三个特点：逐渐形成项目的合作开发模式；推动学术教育与职业教育结合、中学教育和中学后教育结合、学校学习和工作学习结合；通过认证来提高社会认可度。四是责任评估制度的变迁。从联邦政府、州和地方的地位职责和评估机构、指标的变化，可以分析出责任评估制度变迁的三个特点：州和地方责任主体地位逐渐上升；评估指标不断扩展；越来越重视评估的客观性和公正性。

4.《从学校到工作机会法》

1994 年 5 月，克林顿总统签署了《从学校到工作机会法》。该法案提出在高中阶段实施学校职业教育加企业培训计划，要求学校在提供普通学术教育的同时，教会学生进入工作岗位的具体的操作技能，完成职业教育培训的学生不仅会获得高中毕业文凭，同时还能获得行业认可的职业技能证书，该法案强调职前就业教育。在培训计划中，企业参与其中，负责提供合作教育学习课程，向学生提供实践岗位以及实践工作指导。该法案规定所有州都要建立一个全州范围的学校至工作的教育体系，包括三项核心组成部分，即工作学习（注重实际的工作经历，有获得报酬的工作训练）、学校学习（强调学术性和实践性的结合）及联系活动（建立合作关系）。该法案将美国企业与学校之间的合作以法律的形式固定下来。

首先，为所有在校学生提供参与实践项目教育训练的机会，使工作场所直接的和直观的教育成为学生学校教育经历的有机组成部分，同时，为基于工作情景学习的学生配备现场指导教师并制订相应的促进其发展的项目规划，以利于学生能够将学校的知识和工作现场的经验连接在一起。通过以上两种努力，帮助学生达到较高的学术和职业标准，使学生在拥有更广泛的生涯选择机会的基础上，选择适合于自己兴趣、目标、能力和学力的生涯目标，并最终顺利进入高技术和高工资的职业生涯或者进入 4 年制学院和大学继续深造。其次，建立广泛和普遍的学习与工作世界之间的联系，以便中学、中学后教育机构、私立工商业、公共事业组织、劳工组织、政府、以社区为依托的机构、父母、学生、各州与地方的教育机构、培训组织和人力资源服务机构之间建立更为密切的合作关系，最终服务于共同目标的实现。再者，创建和进一步推动有广泛就业前景的学校与工作相互联合的教育培训活动，比如技术准备教育、生涯学园、学校与学徒合作项目、合作制教育、青年徒工项目、校办企业、工商业教育联合体等，将基于学校与基于工作场所的学习联系起来，使所有的青年人包括学业成绩不佳者、辍学者、残疾学生能够留在学校或返回学校追求成功。

5.《2000 年目标：美国教育法》

1994 年，美国颁布了《2000 年目标：美国教育法》，确定了全国统一的职业标准，用以评估各州的职业教育，加强国家对职业教育的管理。国家设立了全国职业技能标准委员会，其工作是促进产业界推出全行业的技能标准体系，负责确认七类职业的技能标准供学校和企业采用。

6.《劳动力投资法案》

1998 年 8 月 7 日，克林顿总统签署了《劳动力投资法案》。法案鼓励更多机构、人员参与到法案的监督管理结构中，特别是工商业、私立团体的合作与参与。比如，法案授权在州和地方层次建立州、地方和青年理事会三个劳动力投资规划和监督机构。其中，各州劳动力投资机构中应包括来自不同机构的人员，人员中必须包括政府官员、各州参众议员、工商业和劳工组织、青年团体、专门从事劳动力投资活动的团体、被推选出来的公务员、残疾人代表（或者专业从事残疾人服务的机构或团体代表）；而地方劳动力投资部门的人员构成基本与州相同，但是法案尤其规定地方机构的大部分成员必须来自工商业团体；对于地方青年理事会，法案要求该理事会成员由地方劳动力投资机构中具备青年知识的专家、青年服务机构代表、地方公共住房机构专家、符合条件的青年人的父母、工作团队成员、在青年人活动中有经验的机构代表组成。该机构的功能是设计开发一定比例的青年服务项目、推荐合格的青年项目服务提供商并对其行为进行监督、协调开展法案第 129 款授权的相关青年活动等。总之，通过以上监督管理结构的创设，扩大了社会参与面，特别是工商业、私立部门等机构代表占据很大的比重，体现了法案致力于使劳动力投资项目在本质上更加符合当地劳动力市场的需求，促进劳动力在私立工商业部门就业的倾向。

（三）美国职业教育法律监督

从立法系统内部来看，美国三权分立的政治体制以及规模庞大的院外集团，奠定了国家机关、团体等对职业技术教育立法依照法定权限和程序进行监督的基础；从立法系统外部来看，始于1960年，当美国联邦政府全面干预国家职业技术教育发展的机制逐步形成之后，依照法案的要求成立的职业教育评估机构、团体等也发挥着对职业技术教育立法的监督作用。

美国联邦职业教育法律监督机制体现了如下的特点。

（1）在立法程序上确保不同利益集团的相互监督。可以从时间维度上分析美国联邦职业技术教育立法程序本身所拥有的不同利益集团的监督机制。

（2）在立法时限上确保联邦职业技术教育立法的常新机制。

（3）利用专门的职业技术教育评估机制对立法实施监督。

（四）美国职业教育校企合作法律制度的借鉴

美国职业教育立法注重适应社会发展而不断改革，美国职业教育法案通常是对以前的职业教育法案的修订，前一次法案是后一次法案的前提和基础，后一次法案往往又是对前一次法案的补充和修正。美国职业教育有关校企合作法律制度的内容丰富，涉及职业教育参与各方的权利义务。

1. 以社会需求立法

美国的实用主义情结也体现在美国的职业教育中，《威斯康星法案》就是典型的以实用主义思想确立高等职业教育发展的法案，是为工人、农民、制造商的生产、生活实际而制定的。同样，美国的所有职业教育立法都体现了其典型的实用主义思想，其立法是为了解决现实问题，是为满足不同的社会需求制定不同的法律制度，通过发展职业教育来解决社会矛盾，促进经济发展。第二次世界大战后，为了解决退伍军人就业，促进社会经济快速发展，每隔几年就有一部职业教育法案出台，如为了适应教育的终身化与大众化，制定了《合作训练法案》和《生计教育法》；《卡尔·D. 柏金斯职业技术教育法案》也是为解决社会上存在的矛盾而进行的立法。

2. 强调经费支持

德国从法律上确定了企业参与职业教育的地位，而美国职业教育中，企业依然没有成为参与主体，其参与主体为联邦政府、各州、职业教育学校、社区学院及综合高中，学校根据市场需求自主办学，虽然参与职业教育的力量不同，作用的发挥各有千秋，但国家主要通过法律进行宏观调控，以经费为杠杆调控各方力量的参与，特别是企业的参与，为职业教育的发展提供强有力的保障。美国 1963 年《职业技术教育法》以及 1968 年、1972 年修订案，1990 年《卡尔 · D. 柏金斯职业与应用技术教育法案》都大幅度增加了对职业教育的拨款。1990 年法案规定，联邦政府每年向各州提供 16 亿美元的职业教育专项经费。

3. 及时修正完善

美国经常对已有的法规进行及时修订，以适应社会需求的变化。1963 年通过的《职业技术教育法》，在 1968 年、1972 年、1976 年先后做过修订，并于 1984 年被《卡尔 · D. 柏金斯职业技术教育法案》所替代，1990 年又设立《卡尔 · D. 柏金斯职业与应用技术教育法案》，到 1998 年又出台了新修订的《卡尔 · D. 柏金斯职业技术教育法案》，至 2006 年《卡尔 · D. 柏金斯职业与技术教育法案》出台。

4. 内容具体明确

美国职业教育立法条款具有浓厚的实用主义色彩，每一部法律的出台都是为了解决当时面临的社会矛盾，满足社会发展的需求，因此，每一部法律对需要解决的问题都有着详尽的条款解释，每一部法律的内容都非常明确具体。在美国的职业教育立法中，各种职业都有着不同的法规，法规内容十分详尽，使职业教育的实施具有很强的可操作性。

通过梳理美国职业教育校企合作法律制度，可以看出其法律制度关注企业的参与，企业与学校之间的合作教育在相关法律中得以规定。美国职业教育校企合作的合作教育模式将学校理论课程与在企业的实践实习结合在一起，学校通过与企业合作可以促进学校从实际出发调整专业，改变课程设置，完善教学内容，可以更契合经济发展的需要，从而使得培养的人才更能满足社会的需要。

然而，校企合作模式也存在一些问题。一是企业参与积极性没有德国双元制模式中的企业高，这种模式没有以立法的形式确定企业参与职业教育的主体地位，企业在过多考虑自身利益且劳动者流动性较高的基础上，就可能

相对缺乏与学校深度合作的兴趣，这就需要通过立法更多地规定企业在参与校企合作中能享受到的优惠政策，以吸引企业的参与。二是职业教育师资力量相对薄弱，这种模式中的学生通常一半以上的时间待在学校，因为设备的换代及技术的更新，学校的教师与企业的技术人员在实践经验方面有一定的差距，学生可能缺乏有经验的实训教师的指导。

三、日本职业教育校企合作法律制度分析

日本的经济奇迹主要靠企业职业培训，企业内的职业教育成为推动日本经济发展、产业振兴的强大动力。对于日本职业教育有关校企合作法律制度的分析，可以看出日本的职业教育校企合作更多的是强调企业内部的培训，当然这是以日本企业用工的低流动性为基础的。

（一）企业内培训模式

日本职业教育的最大特点在于其发达的企业内职业教育，日本企业内培训模式是在企业与雇佣员工签订的工作合同的框架内实施，没有全国统一的职业教育标准。这一模式的形成是基于日本长期以来实行的以终身雇佣制为主的就业形式，同时也是基于职业能力是在工作中逐步形成的观念。企业内培训是为企业培训所需要的技能人才，为企业补充后备力量，其培训的实施是直接对接企业的某个岗位，其教学内容有着高度的针对性，企业承担职业教育的经费。

日本企业实行的是家族式的长期雇佣制度，要求员工全身心地融入公司整体。日本的就业体系的基石是长期雇佣、元老原则、对公司的绝对忠诚和维护工作小组中的和谐。日本企业的雇员一般可划分在两个圈子中，内圈是企业的核心员工，他们拥有各类特权，工资水平高，升迁机会大，而外圈则是部分时间制雇员、外借工、临时工等。大企业的核心雇员不是在自由劳动力市场上招募，而是通过企业和学校保持联系，从学校（主要是高中或大学）招募并在企业里进一步培训。通常情况下超越企业的、以职业领域划分的职业劳动和培训标准被单个企业劳动组织结构和培训结构所取代。

（二）相关法律制度剖析

第二次世界大战结束后，日本职业教育法律将“拿来主义”与“借鉴创

新”成功结合起来，出台了一系列有利于日本工业发展的职业教育法律——以基本法与相关法相结合，建立起较完善的职业教育法律体系（图 1–3），其职业教育的成功以及借鉴创新的模式对同是亚洲国家的中国具有较强的借鉴意义。

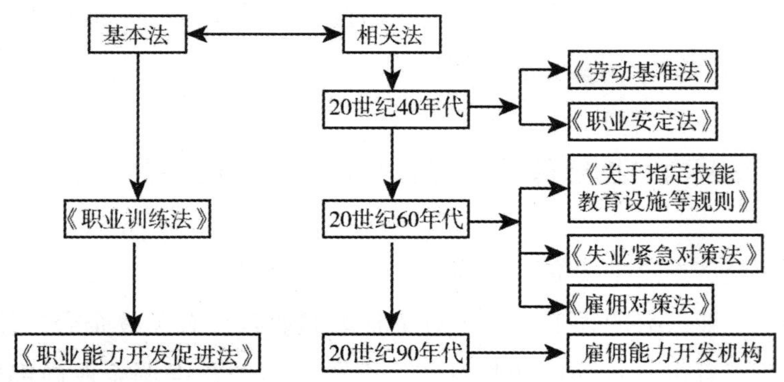

图 1–3　日本职业教育校企合作法律制度概况图

（1）1947 年，日本颁布《教育基本法》，第 7 条提出将职业训练作为教育内容，国家应鼓励和广泛提倡在工作场所以及社会的其他机构所进行的教育。

（2）1947 年颁布的《劳动基准法》对职业岗位的基本标准和职业训练的目的等做出了规定，该法案明确提出，用人单位必须根据自身发展的需要对从业人员进行长期培训，其中涉及的培训资格与方法、合同期限与劳动时间等都必须遵守相关规章制度。同年颁布了《职业安定法》，规定为了使就业人员能够具备从事相关职业的技能，需对就业人员进行职业教育，使其获得职业所需的知识和接受技能培训，以满足职业岗位就业的要求。该法规定除政府举办的职业培训机构以外，其他组织通过审核也可以创办以营利为目的职业培训机构，放宽了对职业培训机构的限制，但对职业培训机构的资格作了限定。

（3）在《劳动基准法》和《职业安定法》的基础上，1958 年日本颁布职业教育的基本法——《职业训练法》，规定应培训就业人员进入职业岗位需要的相关技能，提高就业人员的操作技能水平，满足社会岗位需求；规定了政府和企业对培训的责任，并强调指出，只有按法律规定的要求进行培训，才能够得到国家的认可并享受资助；对于职业训练的类型、职业训练认定、技能鉴定及具体实施办法都作了详细的规定；规定了培训企业的资格、企业培训的劳动时间和劳动强度。《职业训练法》标志着日本企业职业培训制度的形

成，该法是以企业的终身雇佣制度为前提的。

此法的最终目的是促进职业的安定和提高工人的地位，同时促进经济乃至社会的发展，同时从法律上确定了国家公共职业训练机构，即职业训练大学、职业训练学校、职业训练短期大学、技能开发中心和残疾人职业训练学校。

（4）以《职业训练法》为依据，日本制定了一系列其他有关职业教育校企合作的法规，有1962年的《关于指定技能教育设施等规则》及1966年的《雇佣对策法》等。

（5）1969日本颁布了新的《职业训练法》，明确了职业培训与职业学校建立校企合作关系的法律强制性，把企业内培训机构与社会上职业训练所的培训标准统一起来，明确了公共职业培训和企业内职业培训的分工，对职业培训学员的资格、培训科目、培训时间及技能鉴定等都作出了规定，规定企业培训必须与学校建立合作关系。

新《职业训练法》有三个目标：第一，为了培养操作和智力兼备的新型职业工人，要分阶段、有系统地进行终身职业训练；第二，改善技能鉴定的内容，整顿、扩大其实施体制；第三，为了提高技能工人的社会、经济地位，要采取具有实效的各种措施。

（6）日本1985年公布了《职业能力开发促进法》，取代了《职业训练法》。新的《职业能力开发促进法》对原有基本法作了巨大改变，从法律名称到法律条款都与过去有较大的改变，强调企业内教育的重要性。同年公布了《职业能力开发促进法实施细则》，将职业培训实施分成养成培训、进修培训及能力再开发培训三个阶段。该实施细则详细规定了职业资格的种类、各职业所应具备的职业能力、各职业对应的训练科目、培训教师资格条件等。它的目的在于突破传统狭义的职业培训的范围，强调了职业教育培训的几个方面：一是促进职业能力的开发，职业能力开发就是以职业生涯训练为主的人才培育，为完成不同企业、不同岗位的工作所必备的职业能力；二是企业内职业教育培训（针对大型企业），认为企业内培训能更好地在终身教育理念中发挥作用，使职业培训依据各职业岗位持续发展；三是公共职业教育培训（针对中小型企业），将公共职业教育培训与企业内教育培训结合起来，使其更能满足职业教育培训的不同要求；四是对地方设立的职业教育培训设备的折旧费的补助由原来的负担金形式改为交付金形式。

（三）日本职业教育法律监督

日本职业教育立法须经日本国会（立法机关）通过，日本国会具有八种权限：制定及修订法律的权力、国家预算和决算权力、提议修改宪法的权力、监督内阁的权力、审议批准同国外缔结条约的权力、设置法官弹劾法院的权力、国政调查权、对国民提议的请愿的审查权。日本国会两院行使的立法权是平等的，所以两院议员都有职业教育发展的提案权，可以“自由”地提出自己想要提出的有关职业教育的议案。但是，如果涉及经费支出的议案，则要由众议院提出，由于职业教育立法的议案，往往需要经费来支持其教育事业的发展，所以其议案一般要先由众议院提出并审议表决批准后再移交参议院。

日本的职业教育立法体系中除了有以“法”冠名的诸多法律外，还有许多与教育法律相配套的其他规章、命令，这些规章和命令是由内阁下属的行政机构或地方行政机关发布，依其制定主体不同而有不同的称呼。

按照立法的程序，日本职业教育立法的程序与其他的法律立法相同，通常分为提案、审议、表决以及公布四个阶段。

（四）日本职业教育校企合作法律制度的借鉴

日本的历史就是一部借鉴和学习外国经验的历史。近代日本通过“明治维新”借鉴和学习西方发达国家职业教育的经验和教训，将自身的文化和组织结构提高到发达国家的水平。近代日本对欧美职业教育的学习和借鉴大致呈现出一个由“移植与模仿”到“消化与自立”，再到“吸收与创新”的逐渐成熟的过程。

1. 强调企业职业培训的立法

日本强调用立法的形式保障对劳动者进行职业技术培训的实施，确保劳动者能力的提高。1947 年颁布《劳动基准法》和《职业安定法》；1958 年颁布《职业训练法》，规定了政府和企业对培训的责任，标志着日本企业职业培训制度的形成；20 世纪 60 年代颁布《关于指定技能教育设施等规则》《失业紧急对策法》和《雇佣对策法》；1969 年颁布新《职业训练法》；1985 年颁布的《职业能力开发促进法》，强调企业职业教育培训的重要性。日本职业教育培训重点是以学校教育的毕业生为对象，使学习者将理论与实践结合起来，

掌握职业岗位所要求的技能和知识。《职业训练法》总则第3条第3款规定，职业训练必须避免同《学校教育法》所规定的学校教育重复，二者必须密切配合进行，普通学校的教育主要注重基础知识的掌握，而职业培训的重点在于教授基本的职业技能，两者相互联系又各有分工。

2. 借鉴与创新

第二次世界大战后，在美国的影响下，日本教育向西方现代教育模式发展。日本的近代教育制度也同样是学习和移植的欧美的教育制度，主要移植了美国的教育制度。例如，美国为了适应形势的变化及社会的需求，经常对已有的法规进行及时修订，第二次世界大战后，日本的职业教育立法不断处于修订调整中，每一次立法和修订都是为了满足社会发展及解决社会问题的需要，适时修订立法同样也成为日本职业教育立法的一大特色。日本几乎所有的重要的职业教育法律都经历了多次的修订与调整，这体现了其善于借鉴的一方面。

日本职业教育立法是在借鉴与创新中并存发展的，其职业教育不仅是一部借鉴发达国家的借鉴史，而且也是一个自身不断创新的过程。日本职业教育立法从借鉴移植中发展起来，在职业教育法制方面不断创新，逐步形成自身特色，也逐步为其他各国效仿和学习。

3. 法规内容具体

日本职业教育立法内容具体、法规罚责具体，如日本颁布的《职业训练法》对职业培训企业所具备的资格、职业培训的具体形式、职业培训学生在企业实习的劳动时间和劳动强度等都作了相关的规定；日本现行的《职业能力开发促进法》及同年公布的《职业能力开发促进法实施细则》，详细规定了职业资格的种类、各职业所应具备的职业能力、各职业对应的训练科目、培训教师资格要求等。

从日本职业教育校企合作相关法律制度来看，日本一系列法律制度强调了企业内培训，将企业内培训作为日本职业教育的一种主要模式进行规范，使日本的职业教育在结合本国用工实际情况的基础上，形成了自身的特色，为职业教育发展寻找到一种新的模式。但这种模式也存在很大的弊端。企业内培训模式是以日本终身雇佣制为前提的，随着时代的发展变迁以及经济的进步，终身雇佣制逐步被打破，这种模式将面临发展的危机；另外，企业内

培训基于具体的岗位需求进行教学，不利于个体自身的发展，当个体职业岗位变迁，由于个体原来所受的狭窄的职业培训，个体将缺乏持续发展的能力。

第二节　我国高职院校校企合作的变迁与现状

一、制度成本与管理体制改革（1978—1999年）

1978年以前的职业教育校企合作一直沿用“半工半读”模式。改革开放后，为适应当时经济体制，国务院提出教育改革要突出教育结构与经济结构相适应，满足各行各业的用工需求和改善就业。这一时期的职业教育以中等职业教育为主，办学与管理主要由各行业部门主管，呈现一种各自为政状态。受计划经济体制影响，职业院校成为企业或行业的一部分，但与20世纪50年代的学徒制、“招工即招生”等模式不同，国家职业教育政策变为招工先招生，行业部门继续垄断了职业教育，招生双轨制、内部培养、分配处于行业（企业）的控制之下。虽然形成了行业部门条块割据的封闭劳动力市场，但在城乡二元结构、严格的户籍制度以及国家对城市职工大量补贴的大背景下，读中专成为身份转换、就业的主要途径之一，政策激励效果得到前所未有的放大。高职院校的雏形也初步形成：一些中央部门直属的重点职业学校开设高职班，经济发展较快的城市和大企业开办高等专科学校和短期职业大学。

从1978年到20世纪80年代的中后期，由于国家用工政策的变化，中职学校代替了企业原有的师徒制内训体系，成为技术工人的主要来源，但在校企合作方面上延续了20世纪50年代的生产实习、校办工厂和“半工半读”等形式。生产实习为20世纪80年代主要的校企合作形式，学校作为行业内独立的技能人才培养单位，在行业部门的行政指令下，按照教学大纲、课程设计与指定的一个或多个企业进行合作，技能学习同样沿袭了工厂师徒制。校办工厂同样为1958年中央教育工作会议提出的“教育与生产劳动相结合”的产物，主要功能是解决学校办学投入不足，并采取师徒制进行技能传授。

值得注意的是，虽然中职学校取代了厂内师徒制，但厂内技术熟练工人作为技能产权主体的属性没有改变。中职学校仍然需要借助行政指令与企业建立合作关系，在实施层面上，还是需要通过实质化的师徒关系才能保证校企合作的效果。无论企业内训制还是专门的职业技能教育制，“师徒制”始终是校企合作的核心。这就涉及一系列的产权制度安排来保障上述过程的完成。

传统观点认为，师徒制能够有效地克服人力资本投资的外部性，有利于企业技术积累和创新，使得企业愿意开展以师徒制为核心的校企合作。这种观点注意到了微观层面技能形成的外部性问题，但忽略了国家的制度是如何保障校企合作的有效性，即国家的何种产权秩序激励校企合作的参与者。阿尔钦和德姆塞茨（1972 年）一致认为，任何组织的所有权经济性体现在这种产权制度对应的剩余权激励作用上。具体到公有制经济，国家通过一次性的契约“买断”，独占了内部资产的所有权，从根本上消灭了剩余权。但由于技能的私有属性，迫使国家通过政治待遇（工人阶级、干部身份、行政级别）和经济待遇（等级工资、福利待遇）以及“终身制”“铁饭碗”等方式激励内部成员提供技能服务。

这种制度安排为校企合作的有效开展提供了可能。在校企合作的管理层，行业割据的管理体制让职业院校的监管者通过党政等级制进行激励，办得好的学校，校企合作成果好，自然能够获得晋升、提拔等正激励；反之，则通过处分、降职等进行负激励。在校企合作的实施层，技术熟练工每多带一个徒弟，其在工厂内部的工资等级、评优评选等方面就较其他工人具有优先权。例如，湖北某造船厂的焊工因其带徒弟成绩突出，连续两年获得行业劳动模范、个人先进代表等荣誉。而经济待遇和政治待遇又激励了职业院校学生参与到师徒制中。同时，主管部门赋予企业对学生的考核权，使得学生的技能质量得到保障。到 1986 年，由行业部门管理的中职学校成为这一时期我国职业教育的主体，数量达 2529 所，占中职学校总数的 70%，如郑州、武汉、沙市等地甚至出现了职业学校在校生比普通高中多的局面。这种行业割据的职业教育在学徒入校（厂）后，只专注单一技能的学习和训练，虽有利于企业技能的提升，但不利于个体技能的全面发展。

当这种一体化规模达到一定程度时，制度安排带来的国企巨大的组织成本，冗员以及预算软约束也阻碍了国企的进一步发展。1986 年，国务院发布《国营企业实行劳动合同制暂行规定》和《国营企业招用工人暂行规定》，要

求自当年10月1日起，企业根据生产需求面向社会公开招聘和解聘工人，实行“劳动合同制”，国家层面开始清理国企冗员，企业职工的“铁饭碗”也从此被打破。随着全民所有制企业改革，政企分开，一些中职学校的隶属关系进行调整，学校与企业之间的行政关系弱化，办学经费也无法保证。为此，国家教委、财政部出台《关于中等专业学校经费问题几项原则规定的通知》，指出中职学校的经费渠道仍按现行规定执行，学校主管部门不要因经济体制改变或学校隶属关系的变化而影响或减少对学校的拨款，实质上是强调行业主管部门依然对中职学校负有财政责任。尽管产权主体没有发生变化，但随着用工“终身制”的打破，技能载体——技术工人流动性增强，传授技能反而增加了师徒间的就业竞争。显然，当失去了制度激励后，通过师徒制传授技能的交易成本明显上升，职业院校的校企合作面临困境。一些学校的学生到企业进行生产实习，甚至需要交纳一定的实习费用。

进入20世纪90年代后，我国社会主义市场经济体制确立，随着国企改制，各行业部门职业学校生存面临危机。在1991年出台的《国务院关于大力发展职业技术教育的决定》（国发〔1991〕55号）中，出现“产教结合”，要求各类职业学校通过校办产业，办好实习基地。职业学校也开始“在政府的指导下，提倡联合办学，走产教结合的路子，更多地利用贷款发展校办产业，增强学校自我发展的能力，逐步做到以厂养校”，这一时期的校企合作的主要目的是以“企（厂）”养“校”，解决办学资金不足的问题。这一时期职业教育发展普遍面临资金短缺的问题，所属行业部门大量国有企业面临改革和重组，失业率居高不下，有些地方的失业率高达16.75%。与此对应的是一个开放式的劳动力市场正在形成。尽管这个相对独立存在的劳动力市场增大了与产品市场的技能交易费用，但这一费用仍然要小于非市场化环境下内部技能管理的费用。为进一步降低内部技能管理的费用，国家层面于1998年着手调整行业企业主导的职业教育的管理体制，归口到地方政府管辖。

高职教育的大规模发展起步于1994年全国教育工作会议提出的“三改一补”：一部分成人大学、高等专科学校原隶属于各级政府和教育主管部门，而作为补充的重点中专则归口行业部门管理，从而导致了职业教育管理体制的复杂性，使得它们在校企合作上更加趋于多样性。当时的校企合作形式主要有三种：一是依托行业开展生产实习；二是建设生产实习基地（校办工厂），以厂养校；三是学校自主与企业建立合作关系，对口开展学生实习工作。

1999 年，国务院授权高职教育发展权利和责任归属省级人民政府。而在这期间，《职业教育法》于 1996 年获得通过，文本中校企合作在内涵上发生了变化：注重为本地区经济建设服务，与企业密切联系，培养实用人才和熟练劳动者。值得注意的是，虽然 1996 年校企合作实质性内涵发生了变化，但距离职业院校与部门行业正式脱钩（1999 年）尚 3 年有余。

二、市场机制与支付体系形成（2000—2005 年）

若将管理体制变革后的职业教育当做一个独立的生产部门来看，首先需要解决的是内部管理、市场、生产、监督的问题，任何一个环节的缺失，都有可能导致职业教育的低效率。职业教育管理体制变革，并不意味着建立了一个开放的职业教育体系，只不过是国家将职业教育的监管转移给“专业的经理”，并向其支付相应的监管费用。两者区别在于前者由行业部门提供担保，国家并不对其负直接财务责任，而后者是由各级政府或机构直接提供担保，各级政府或机构将直接为办学行为提供财政支持。

这点在 2002 年 8 月国务院出台的《国务院关于大力推进职业教育改革与发展的决定》（国发〔2002〕16 号）进行了详细阐述。文件对职业教育的管理体制、市场机制、校企合作进行了详细阐述。要求职业教育实行“分级管理、地方为主、政府统筹、社会参与的管理体制”“省级政府承担高职和中职教育发展规划与结构布局的责任”“地市级政府要逐渐增加职业教育发展的责任”。这种产权主体的变更自然引起了激励机制的变化，且主要体现在职业教育的担保人资本规模发生了变化。担保主体变化带来了职业教育规模变化。企业边界理论认为，担保资本决定组织规模，当职业教育的担保人由行业部门变更为地方政府时，担保资本扩增导致职业教育规模进一步扩大，直到其规模边界等于资本边界为止。对中职而言，管理体制的变更，最直接的冲击是，从 1996 年起，中职招生增长趋势开始减缓，到 2000 年，全国中职在校生比例占高中阶段的 50.1%，招生数比 1998 年净减 128.4 万人。对高职来说，学校总数由 2000 年 184 所猛增至 2005 年的 921 所。

在校企合作方面，在国务院领导下，建立职业教育工作部级联席会议制度，不定期召开职业教育专题会议，推动指导全国职业教育发展。这种联席会议制度或许能够降低教育部门获取市场信息的成本，但在解决技能形成领域的“生产问题”时，“专业经理们”面对的仍然是两难的职业教育境地。一方面，面对来自市场的效率要求和财政负担，不得不放松对职业教育的垄断，出让部分控制权，允许职业院校“充分依靠企业”解决基础设施、人才培养等方面的不足，企业也可以根据实际需要独自举办或联合举办职业学校和培训机构；另一方面，行业职业院校的存在，弱化了教育主管部门的控制权和垄断收益。解决的方式是要求教育主管部门要加大对行业职业教育进行协调和业务指导，防止行业对职业教育控制权的独占。但监管者的变化，还带来了另一个问题：如果技能产权不能够充分界定，将为职业院校的校长们带来超出行政激励外的经济剩余权，只不过这种经济激励是在技能产权界定不充分的前提下以寻租的方式攫取的。这一期间，一些中职学校和高职学校爆出了个别学校管理者为获取额外报酬将学生以实习的名义沦为企业的廉价工人，从而引发学生抗议的新闻。而这个问题在行业割据时期是不存在的，因为一体化战略将技能形成过程的产权以内部化的形式纳入行业部门的监督范围，并在行政等级、经济待遇（单位福利）等方面进行激励。但这些职业院校改制后变成了单一的行政激励（经济激励并不显著），即使是政治激励，在达到一定级别后也会遇到“玻璃天花板”。

虽然制度设计为技能形成的市场机制留下了“校企合作”这块“自留地”，但其产权归属却牢牢掌握在职业院校的校长们手中。当政治激励不起作用时，这些管理者往往会利用手中对技能形成过程的控制权（非制度化的剩余权）谋求经济剩余，以补充激励不足。由此可以看出，技能形成过程的产权边界划分成为当时职业教育校企合作的当务之急。

针对这种情况，教育部于2002—2004年，连续三年分别在永州、武汉和无锡召开了全国高职高专教育产学研结合经验交流会，对当时高职院校校企合作经验进行总结。按照当时会议材料和时任教育部主要领导的讲话内容，这三次会议主要从两个方面对校企合作的技能产权属性进行了细化和划分，加大了过程监管：一是肯定了“工学结合”“半工半读”对职业教育的历史贡献，顺势将“工学结合”与“半工半读”进行切割，“工学结合”作为人才培养模式予以保留，但“半工半读”则成为一种助学方式，并详细规定了“半工半读”的教学管理标准和考核方式，防止了产权模糊存在的寻租空间。二是明确了校企合作的主体与内容，首次在官方文本中出现了“校企合作”，即面向市场培养技能人才的合作主体是学校与企业，而非“学校与劳动力市

场”，而“工学结合”既为合作方式也为合作内容。这实际上划分了校企合作的实施主体与责任主体，细化了合作内容，加强了校企合作的过程监控。

在这些措施的激励下，当时的校企合作主要分为两个方面：

一是通过校企合作吸纳社会资本，如采用 BOT（Build-Operate-Transfer，建设—经营—转让）、企业捐赠硬件设施等改善办学环境。在高校扩招大背景下，国家及各级政府享有的垄断收益随着职业教育规模逐步扩大而增加。行业企业可以依靠自身资源参与职业教育办学，如开展人力资源预测、建立理事会以及参与教材与课程改革等工作，并要求职业院校充分依靠行业企业举办职业教育。事实上，职业教育面临扩招带来的规模扩张与办学资源之间的矛盾，将职业院校划归各级地方政府，让地方政府垄断了职业教育的制度收益，但沉重的财政负担迫使职业教育的主办方出让自己对职业教育的部分控制权，以换取职业教育的发展。为解决这一矛盾，政府和教育主管部门从产品市场引入要素资源来降低制度成本从而换取职业教育发展效率的方式，以满足劳动力市场对技术工人的需求。尽管有些办学资源丰富的学校开始探索校企合作进行人才培养，但从大的范围看，依然是办学资源短缺。各职业院校开始尝试在融资、土地置换、兼职教师以及通过 BOT 的方式改善基础设施。这些校企合作的方式在一定程度上改善了职业院校的办学条件。

二是多形式开展校企合作提升人才培养质量。具体做法是具有行业办学基础的高职院校依托行业、企业建立了理事会、职教集团，地方政府主管的职业院校通过校企共建校内实训基地、订单式培养和校外基地等方式进行校企合作、实践教学。不难看出，校企合作制度已成为劳动力市场与产品市场沟通的桥梁，能够有效降低劳动力市场的信息不对称。

通过分析当时绝大部分学校的校企合作案例，不难发现，所有的校企合作都是基于市场对教育规模和未来人力资本升值的潜在收益预期下进行的。但他们面对的是一个充满制度风险和缺乏稳定回报预期的政策环境，学校和企业的单方面合作无法获得与产权（控制权）交易对应的剩余激励。只有地方政府作为第三方担保时，这些合作才有可能发生。从中可以看出，校企合作是在主办方（地方政府）构建的一个制度保护空间内实施的。从合作内容上看，实际操作层面的合作内容与正式制度上的校企合作存在较大的区别。校企合作带活职业教育的原因来自外部资本进入，而非自身资本积累与规模扩张，特征因素则是校企合作已成为一种商业组织结构与市场结构混合的产

物。其中，地方政府作为担保体系中关键的一环使得合作企业在摇摆的政策环境中依然能够获得稳定的收益，收益来源则是地方政府出让的部分办学控制权。

从这一时期的发展来看，尽管校企合作模式呈现多样化，但其发力点还是在通过校企合作改善办学条件。校企合作的控制权经历了“一放就乱”的短暂局面后，国家在校企合作方面的控制权全面加强，政府及主办方享有绝对产权。现实封闭的职业教育体系使得人才培养质量与市场需求之间还有很大的差距，于是“技工荒”开始出现。对政府而言，这种政策调整从制度上留下了校企合作的市场机制和确立了以学校为单元的校企合作机制。但教学环节的“校企两张皮”“课程压缩饼干”等问题也开始出现，更深层次的问题是校企合作只解决了技能人力资本生产端——职业院校的投入问题，而未解决消费端——降低企业技能人力资本的交易成本。由此带来的抱怨演变为技能危机并最终影响到地区经济增长时，地方政府迫于市场的压力开放了人才培养过程。“服务地方经济社会发展，以就业为导向，校企合作，工学结合”成为职业院校人才培养模式改革的核心内容。到2005年时，在国务院颁发的《国务院关于大力发展职业教育的决定》（国发〔2005〕35号）首次以正式文本确立了“校企合作、工学结合”作为职业教育改革的方向。较之前的校企合作更多关注改善办学条件，此时更加关注人才培养的细分过程，将人才培养质量和职业教育的整体效率提升为校企合作的主要目标。

三、技能增值与校企合作组织（2006—2013年）

从技能体系形成的外部环境来看，《国务院关于大力发展职业教育的决定》（国发〔2005〕35号）的颁布和实施源于一个剧烈变化的劳动力市场：一方面，随着制造业规模扩大，珠三角、长三角等制造业发达地区的“技工荒”随着“民工荒”进一步蔓延，企业纷纷高薪聘请技术熟练的工人，技能增值明显，吸引力增强；另一方面，国家层面同期启动了社会主义新农村建设，内容包括新农村居民素质提升和农村劳动力城市转移，赋予了职业教育新的功能。无论从市场规模还是产品价值来看，职业教育都面临一个“无限潜力”的市场。

宏观层面，教育部、财政部联合启动了中央财政支持的实训基地建设等

专项（2004年）、国家级示范校建设（2007年），通过专项资金引导职业院校为区域经济社会发展服务。这些竞争性专项中对专业建设、校企合作和对口帮扶中西部地区作了特别的要求，体现了国家对职业教育的要求，具有很大的导向性。与此同时，各地开始建立县级职教中心（农村职业高中）主要面向本县农村居民进行技能教育，主要有两个目的：一是向城市提供优质、高素质劳动力；二是提升农村劳动力技能水平，促进农村经济发展。之后成立了全国行业职业教育教学指导委员会（2009年），通过与国家发改委、工信部、国家人社部、农业部等的联动机制，实现劳动力市场信息的跨部门、行业交流，降低职业教育获取技能的信息成本，指导职业院校的专业、课程、教材建设，且写进了高等职业教育发展规划（2011—2015年），并要求各高职院校从体制机制改革入手，建立校企合作长效机制。同期启动的第二批国家高职示范校建设，就要求各建设院校把校企合作体制机制改革作为重点建设内容之一。2010年后，校企合作进一步演变为“校企合作、产教融合”，从职业教育与产品市场两个层面，突出学校与企业的全方位融合。在此基础上，宁波、厦门等城市地方政府相继制定了《校企合作促进条例》。通过实践，全国职教集团数量达200多个，参与一体化、集团化办学的职业院校达2500多个、企业3500多家；中央财政累计投入40多亿元立项建设2356个国家级实训基地。值得注意的是，这一期间无论是国家层面，还是分管职业教育的领导层，均要求制定符合产业发展规律和教育发展规律的职业院校建设标准、国家专业人才培养标准、实训基地标准、信息化标准等，促进职业教育关键要素标准化。从这些措施可以看出，在一个技能不断增值的市场中，国家层面希望构建一个以职业院校为主的面向市场的校企合作机制，以便获取更多的技能垄断收益。在政策上，各级政府都采取加大职业教育投入（专项资金）、扩大职业教育规模（面向农村市场，各地建立县域职教中心）以带来“产量”的提升。但是当市场通过已有的机制将人才培养质量的信息反馈到职业教育领域时，这种收益又是有限且不具备持续性的。很多企业普遍反映职业院校培养的学生动手操作能力不强，所学专业不符合市场需求。例如，2008年，广东某企业退回了与学校协议接收的37名学生；2010年，浙江有几家企业联合起来要求当地政府责成学校按照企业要求培养人才。众所周知，教育产品的生产与监控是增加内部管理成本的主要来源，在现有（当时的）治理结构不变的情况下，唯有改变人力资本培养过程的资产专有属性，通过

“标准化生产”增大培养过程的通用性，才能在维护国家层面技能垄断收益不变的情况下，节约产品市场与人才培养机构的交易成本。为此，教育部实行了“模块化课程”“标准化课程”“标准化教材”以及“标准化实训基地”等工程。这些标准化工程，一方面在国家层面建立了统一的检测、监控方案，以有效降低内部监控成本，增大职业教育的垄断收益；另一方面，对所开发标准的审批与施行本身也是一种集权和扩大垄断收益的过程。

这些组织有一个共同的特点，即在降低技能交易费用与提高市场效率这一共同的利益下，政府为校企合作提供制度保护和信用担保，学校与企业围绕人才培养和技能形成进行合作，降低人才培养的专有性，并让个人完成技能增值。由此构造完成一个由地方政府（主办方）、学校、企业及个人构成的职业教育校企合作组织。

微观结构上，这一组织结构深刻地影响了各职业院校的内部治理结构和办学行为。基于校企双方的共同利益点，成立了专门的校企合作部门来协调校企合作事宜。这种协调让市场与教学达到了内部的政治平衡：校企合作部门代表了市场一方，市场里的企业通过学校内部的校企合作机构将利益需求反馈到学校；而学校的教务处则维持学院、学生的教学利益，当生产与教学发生矛盾时，校企合作机构与教务处的相互掣肘保证了内部平衡，从而实现人才培养与市场需求的统一。与此同时，面对来自市场的压力，国家层面对职业院校内部的人才培养模式提出了更多的要求：以服务为宗旨，以就业为导向，走产学结合发展道路，提高高等教育质量，并适当控制高等职业院校招生增长幅度，稳定招生规模。各职业院校以校企合作为办学模式，工学结合为人才培养模式，就业成为人才培养的目标，开始了各自的探索。与此同时，各种办学模式也丰富起来：前厂（店）后校、校企合一、各种类型的职教集团、实训基地、生产性实训校区都在这一时期开始建立，部分学校还与企业共同成立了二级学院。

表面上看，这些校企合作模式似乎一劳永逸地解决了技能人才培养的市场通道问题，但实质上教学活动毕竟与生产活动不一样，在协调过程中难免产生冲突。这是一种松散的合作关系，合作多久取决于企业接纳实训学生的收益与预期。若企业从校企合作中得到的收益低于预期，企业会结束合作关系，特别是当企业面临繁重生产任务时，并不愿意将更多的生产资源用于实践教学。因此，一旦企业的生产活动受到教学活动干扰并影响到收益时，企

业便可能退出。

这种治理结构的变化还带来了一系列微观产权的改变，即改革以学校和课堂为中心的传统人才培养模式，教学控制权移向企业，对教学的各主体要素产生了一系列影响。

首先，在学习时间上进行了切割。技能形成的控制权由学校向学生个体和市场主体转移，中等职业学校在校学生最后一年要到企业等用人单位顶岗实习，高等职业院校学生实习实训时间不少于半年。目前，我国职业教育工学结合人才培养模式形式多样，内容丰富。按组织主体分，有“政府、企业(行业)、学校”三方联动模式、“课堂、车间、社会”三位一体模式，“基地、招生、教学、科研、就业”五位一体模式，学校企业紧密合作订单培养模式，校企合一、一系一厂、集团化办学模式等多种形式。按组织方式分，有课堂实训一体化模式、工学交替模式、学期（年）交叉模式、半工半学模式和顶岗实习模式等具体形式。此外，还有集中与分散相结合模式、定期实训与不定期实训相结合模式、课内实训与课外实训相结合模式等多种途径。通过工学结合，不仅使学生真切地体验了工作实际，丰富了工作经历，增强了工作能力，培养了学习兴趣，而且也为职业院校进一步了解社会、了解企业（行业）的发展需要，增强学校与社会、行业、企业的联系，响应企业对高技能人才的呼唤，提高学校对社会的适应能力和社会知名度发挥了巨大的推动作用。

随着校企合作的深化，对于实习时长，各学校按照实际教学情况进行了分割。转移的控制权，尽管降低了学校的控制收益，但控制权的转移在某种程度上降低了培养成本，实质上也是成本转移。学生到企业进行顶岗实习，学校只需要付出一定的监管、考核成本。这就带来了另一个问题：企业为何愿意接受实习生，或者为何愿意和学校进行校企合作？按照当时职业教育的实际情况，这个问题分为两个部分：一是学校与校外实训基地（校外企业）的合作，提供廉价的劳动力和专用型人力资本（含技能、教师与企业科技合作），降低了企业劳动力的交易费用。但节约的费用并不会给企业带来盈利。因为这些不成熟的技能劳动力对生产原材料的浪费、企业的管理成本增加、教育成本增加都需要靠这种节约的成本进行弥补。二是学校与校内实训基地（校内入住企业）的合作。学校为入驻企业提供了一定的优惠条件，如水电费减免、基础设施建设以及协助完成企业申报政府奖补，以此换取入驻企业的相关岗位供学生进行顶岗实习。

从人才培养机制上看，校企合作组织让职业教育的人才培养效率增强，降低技能形成的信息成本和培养成本。但度量的尺子换成劳动力市场的技能价格机制对校企合作组织发生配置作用的深层组织构造时，则充满了对技能形成过程控制权的竞争，即企业因价格机制和市场不确定性，期望主导技能形成控制权进行专用型技能培养以降低技能使用成本或获得直接盈利；学校在享受计划指令和预算软约束的同时，期望通过主导该过程控制权按照市场需求改善教学资源、培养通用型技能和实现人的可持续、全面发展。另外，在校企合作内部构造上，若将校企双方在技能人才培养过程中的“计量与监督”进行抽离，并没有任何冲突之处。学校教学过程中的“计量与监督”方式通过使用考试、考核等方式识别学生技能形成过程中的不足与缺陷，而企业按照成品率贡献值来甄别技术工人。但合作以后，技能形成的效率却会因为双方关于技能教育的度量与监督评价不一致而导致对学生技能形成的评价不足，降低了合作效率。这种基于技能形成过程的产权博弈抬高了双方的合作成本，并将成本进行传递：学校会将这一成本通过预算软约束向政府、学生（学费、学时）转移，最终导向人力资本价格；企业会将这一费用导向产品价格与人力成本，其结果必然是大大减少了校企之间基于产权收益等价交易的可能性。这种不对称的成本传导体系背后，反映了校企合作组织构造因依赖于政府行政权力保护而无法约束双方的产权交易费用。从职业教育发展的经验来看，校企合作组织内部的竞争比合作来得更强烈、更现实。当产权博弈带来的租金耗散超出了最初成本预期，而双方对降低合作成本所采取的行为具有异向性时，校企合作“一头热一头冷”也就在情理之中，部分学校（学生）甚至开始反思校企合作的必要性。因此，能否发动校企合作组织构造的深层次改革成为关系到校企合作以及职业教育市场化发展的关键。

四、组织创新与校企合作制度创新（2014 年至今）

随着产业结构转型和企业技术升级持续进行，劳动力市场的“技工荒”进一步蔓延。在技能升值和其他外部因素的叠加下，企业劳动力成本愈发增大。造成技能价格上涨的一个重要因素在于校企合作组织内部缺乏有效的治

理结构来降低初始关系带来的交易费用上升问题。

校企合作中的企业具有先天的退出权，除了“双轨制”带来的成本压力外，双方还会因市场环境、要素资源或经营问题，导致企业行使退出权，这些都无形中增加了企业的谈判权。金融危机后，地方债务规模急剧膨胀，违约风险影响着地方政府对职业院校的投入。当职业院校从政府那里获得的预算软约束减少时，职业院校也同样会选择退出校企合作。因此，校企合作组织并不是一个内部紧密的组织，而是一个时刻面临解散的临时性组织，其解散的阈值在于双方对校企合作损益平衡点的判断。在校企合作发展的第三个阶段尽管出现了形形色色的校企合作组织，但这些组织的创新基本上还局限于早期的校企合作组织形态。总是“长不大”“活不久”，即使稍有规模，也面临“分家”“散伙”和“自立门户”的现象。可见，校企合作内部深层结构改革需要基于法律意义上的产权制度与技能形成过程中的教学管理两个支点上的改革。

这一时期，组织创新的萌芽已开始出现。中西部的职业院校校企合作呈现多样性：部分学校通过 PPP，学校的产权（法律上）主体发生了变更；部分职业院校依托行业资源优势，在“订单制”的基础上进一步探索以企业为主体的人才培养模式。在东南沿海地区，由于产业密集度高，对技术工人的需求普遍比较旺盛，在地方政府的鼓励下，各职业院校基本上都与行业、企业建立密切的联系。通过集团化办学、生产性实训基地建设等校企合作模式，逐渐探索出“多形式参股”建设实训校区、“基于生产过程的教学模式改革”等，并逐步影响到学校的办学模式。

面对来自实践领域的校企合作模式的突破，国家层面基于“新常态”的考量，提出“加快发展现代职业教育，调动社会力量参与办学，探索混合所有制”；同期，国务院对“构建现代职业教育体系建设，深化产教融合、校企合作”进行了进一步阐述：强调现代职业教育体系与区域经济社会发展密不可分，产教融合、校企合作政策上升到通过校企协同育人来达到国家人才培养体系与产品市场的融合。这些政策的共同的特点是在法律层面进一步确认了职业教育领域多种所有制形式的产权制度。产权制度只是校企合作组织内部结构中的两个支点之一，它只是保证了企业在技能人才培养过程中产权合法化。大规模的降低组织内部交易费用还需要从教学管理体系改革入手，进行系统化的深层构造改革才能达到预期的效果。应该在早期职业院校实践的基础上，依托校企合作这一中介组织，进一步完善产教融合、协同育人机制，创新人才培养模式，强化行业对职业教育的指导，从教材开发、课程设计、专业建设、师资队伍、教学质量标准体系以及教学质量管理等方面进行全面改革。

从校企合作的初始组织到制度创新，职业教育校企合作制度变迁的核心旨在面对一个不断增值的技能人力资源市场，通过不断节约技能形成的交易费用完成职业教育制度租金与效率的统一。职业院校校企合作制度的变迁和行为模式的选择并不仅仅是一系列制度集合的导入与实施，还需要社会对职业教育认知的持续演进。因此，职业教育校企合作的成效应是正式制度与非正式制度协同演进的结果。

国家层面的职业教育总体规划是，吸引企业在学校与当地劳动力市场之间构建一个合适的校企合作组织，通过降低技能形成的交易费用来换取职业教育效率的提升。但职业教育本身的产权创新并不足以节约出技能市场增值带来的交易费用，而是需要政府、企业协同演进。

然而，在更广的范围内，校企合作的现实性远比制度条款复杂。部分地区的校企合作并没有取得预期的效果，地方政府投入不够，办学经费不足，校企合作依然是“一头热一头冷”。当职业院校热烈地拥抱企业时，得到的往往是企业“冷漠和迟疑”以及“多一事不如少一事”的消极态度，在这种背景下，校企双方始终无法形成有效的人才培养组织。此外，从调查来看，合作的紧密度与中国的经济阶梯具有密切的相关性。如产业发达的东南沿海和珠三角地区以及企业聚集的区域，校企合作开展得较为深入；在中西部产业相对不发达地区，校企合作则较不理想，即使中西部职业院校与东南沿海地区的企业开展校企合作，其结果也不甚理想。

在一个区域市场内部，当技能需求为专用型时，小范围的市场交换无法解决专属技能问题，合作收益区域已不再成为校企双方合作的制度障碍，地方政府提供的制度保护空间和足够的信用担保构成的支付体系成为校企合作组织有效性的关键。当他们的技能需求为通用型或者对技能要求不高时，小范围的市场交易成本远小于校企合作，也就是说，小范围的校企合作失灵时，需要大范围和跨空间的校企合作模式才能解决技能形成问题。

在一个更大的市场半径下，跨区域校企合作让地方政府提供的支付体系不再有效，而是依赖于校企合作组织结构与市场结构的匹配程度。换句话说，跨

区域校企合作成败取决于国家层面的支付体系与完备的法律、法规制度。国家层面的支付体系包含如何确立校企合作主体的权利体系和如何对待校企合作中产生的合作剩余。这两个问题相互依存，互为彼此，其核心在于按照不同阶段市场效率的要求，建立各方主体的控制权、剩余权和索取权相匹配的激励制度。对于远程的校企合作来说，完备的法律、法规的意义在于约束技能形成过程中各方主体对产权的攫取，减少租金耗散。例如，一些学校进行现代学徒制试点时，签署的三方协议对学徒的工资福利、工作时间、考核方式、考核标准等进行了明确的规定，有效地防止了产权攫取行为。

国家现代学徒制试点工作的出台，并不是一蹴而就，而是市场、教育和社会相互协调的结果。通过研究他们的协议不难发现，现代学徒制的合约隐含了企业、学校和家庭三者相互协调的关系。更为重要的，现代学徒制指示了职业教育校企合作改革的一个方向。这就是把学生个体作为实习实训的基本单位，这在很大程度上节约了学校的监督费用。这一模式是以降低规模经济而换取对劳动激励的增加。如果降低规模经济引起的效益损失，可以被劳动激励增加的部分抵消还有余，那么把集体经济改革成家庭经营的模式就可以提高总生产率。

对于学校及其主办方来说，为防止基于技能形成过程中的事实产权竞争耗散，需要通过制度性安排来“保护”其剩余权。由于这种竞争超出了地方政府提供的制度边界，国家层面的制度安排成为产权秩序重建及保护的有效措施。但校企合作发展到现在，其深层次的制度改革并不是通过产权改革就可以快速解决的，而是需要建立一个有效的执行和支付体系才能构成有效的产权秩序。

可见，最初政府迫于政策失败的压力而选择市场效率时，作为连通市场与学校沟通渠道的校企合作组织在职业教育内部得到了全面而大规模的运用。在校企合作组织形成的初期，同时也是专用型技能形成的初期，“双轨制”带来的成本问题或许可以通过外部劳动力市场进行弥补。但随着整个国家阶梯式产业结构转型和企业技术进步，专用型技能交易费用的上升已无法通过劳动力市场进行弥补。当这种费用积累到一定的临界点时，校企合作组织结构变革就有了内部动力。对于企业来说，通过扩张其最终生产边界，将校企合作组织纳入企业生产内部来降低技术人力资本的交易费用等。本质上，市场的深层构造在于拥有独立的财产权和完备的契约，混合所有制和现代学徒制分别以契约的方式从校企合作组织内部财产权和完备的契约出发，实现产权结构的变革。

第三节　我国高职院校校企合作的内涵与特征

对上一部分描述的近40年中国职业教育校企合作的制度变迁，可以提取出以下事实特征。

一、职业教育治理：从制度成本降低到组织创新收益

诺斯（D. North）认为，经济组织有效的产权安排构成了经济增长的关键，但这种产权秩序只是国家内部博弈结果中的一种，并不构成相对要素价格变化的必要和充足条件。因此认为，国家在租金最大化与效率最优之间存在长久的冲突。诺斯悖论为我们理解职业教育体系的改革提供了一个逻辑起点，即只有当国家租金最大化与有效节约交易费用（产权形式）之间一致，且国家为这种交易方式提供有效保护时，国家才能获得长久的发展。

从最初的职业院校依附于各个行业、国有大型企业存在，到随着国企改制将职业院校划归地方政府主管，再到职业教育体系的形成，并最终通过校企合作这一制度组织形式，完成了与市场的对接。可以清楚地看见一条交易费用不断节约的脉络。首先，国家层面通过招生并轨、归口管理等方式将职业院校与国有企业剥离，这有利于降低国有企业运行成本和国家财政负担，而职业院校划归地方政府和教育部门管理，实质上是实现了优质资产的剥离与重组。其次，地方政府对职业教育管理合法性是以职业院校的生存为最后边界，当职业院校普遍面临办学资金不足时，校企合作成为一种商业模式在帮助职业教育体系渡过难关的同时，并没有增加政府财政负担（至少从当时来看）和削弱政府的控制力。再次，职业教育存在合法性是以服务区域经济社会为最后边界，职业院校再次以校企合作作为一种人才培养模式

提升市场效率时，进一步降低了技能交易成本，增加了政府的市场收益。最后，当整个国家的经济社会进入转型期后，国家层面更是采用从产品市场引入要素资源来降低制度成本从而换取职业教育发展效率的方式，实现职教体系与市场的完全对接，以满足经济社会发展对职业教育的需求，职业教育成为增加社会收益的方式之一。因此，政府对职业教育治理是以校企合作为桥梁，达到不断降低劳动力市场技能交易成本和提升社会整体收益的目的。

二、技能产权特点：从私人所有到多重占有

技能人力资本的产权特征是否为私人所有，直接关系到供给方式和供给主体的选择。经典人力资本理论认为，技能投资作为教育投资的一种，其资本存量不能以任何方式转赠他人。与经典人力资本理论不同，虽然新制度经济学也将技能人力资本赋予载体个人占有，属于载体个人的私有产权。但在其分析框架中，强调技能人力资本形成是在一个特定的制度环境下，由技能供给方、技能需求方以及一系列的产权束和租金组成。而且，只有把技能连同其载体作为租金进行市场交易时，这种产权安排才具有激励作用，否则，“残缺”的人力资本产权制度安排将使整个技能体系变得低效率甚至无效率。但这并不意味着技能人力资本天然属于私人占有，因为技能人力资本的私人占有无法解释国家、市场等主体在技能形成中的投资作用。在此基础上，有研究者进一步提出，人力资本并非天然属于私人占有，而是在技能形成过程中，载体（个人）以投资主体的无偿转让和租金交易形式获得。近 40 年的职业教育校企合作实践表明，我国职业教育的主体依然是公办学校，因此，在技能形成过程中，政府通过制度安排、财政支出、产权保护等方式，并委托职业院校进行技能开发。但政府供给主体通常不主张或不直接主张技能产权的所有权，而是在技能形成后将所有权自动转让给个人。与政府不同的是，市场主体（如企业）在技能形成过程中和形成后期一般会以与接受投资者（技能个体）签订契约的方式来获得其部分使用权。个人作为技能形成的主要受益者，其行为具有完全的市场导向性，主要通过自愿供给技能形成的费用、时间和精力等，个人在技能形成的全过程中都占有技能人力资本的产权。可以说，技能形成过程中的产权属于参与技能

供给的不同主体。

产权理论认为，技能增值使得占有者在技能生成初期为了得到更加充分的潜在收益，会要求更加明晰的产权激励。校企合作之前，职业学校对技能形成初期的产权垄断占有，使得整个培养过程变得低效甚至无效。当企业参与到人才培养过程中时，由于同是技能供给的投资主体，也相当于参与了对技能供给产权的竞争，而竞争过程也会带来产权租金的耗散。

三、供给主体行为：多元供给与多层影响

按照供给主体划分，技能供给主要通过三种方式实现：政府供给（由学校或教育机构行使相应职责）、市场供给（企事业单位或其他社会组织）和个人自愿供给组成。不同的供给主体分别从外部和内部影响着职业教育的技能供给效率（表 1-1）。

表 1-1　技能供给主体对技能形成体系治理的影响

技能供给主体			供给要素	影响方式
外部	政府		制度、经费	学校布局、资源、市场
	企业		技能（人）、设备、资金、场地	技能培养过程
	家庭		情感认知、学习者	规模、美誉度
内部	学校	管理层	多层委托—代理、组织管理架构	市场导向、运行效率
		教学层	师资、设备、教学组织空间	技能传递、创新
		知识层	培养模式、专业、课程、教材	技能产品
	在校生		时间、精力	获得技能，接受市场检验

外部方面，政府通过职业教育政策、学校布局和经费投入对技能供给产生影响。而企业则通过生产过程开放和生产资源投放对技能供给产生影响。由于我国政治经济结构中独特的财政体制和激励机制让地方政府与企业在职

业教育治理上通过区域劳动力市场这一脉络高度关联起来，并在工业化水平和公司规模两个维度影响着政府对职业教育的治理。一方面，工业在当地国民经济中比重越大，出于降低企业技能成本的考虑，政府的技能供给意愿越强烈；另一方面，公司规模让职业教育的治理结构带有强烈的公司特征。如图 1-4 所示，公司规模越大，越容易形成一个以公司为主导的技能供给模式，公司可以通过自身话语权、资源投入来影响政府、学校的技能供给行为；公司规模越小，越有利于形成一个政府为主导的职业教育治理结构，其供给能力较弱，对职业教育的影响程度也较弱。而家庭对职业教育多出于理性选择，技能增值（工资增加）和社会地位的提高。

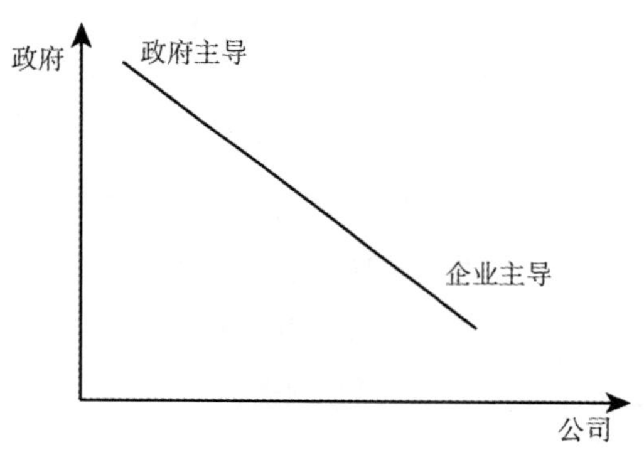

图 1-4　职业教育的外部治理曲线

内部方面，技能供给方由学校、在校生组成，分别根据自身属性影响职业教育的办学活动。职业院校具有中心地位，对体系的影响按照功能单位可以划分为管理层、教学层和知识层。管理层是学校技能供给的基础层，从宏观上，通过多层委托—代理关系，对人事安排、预算拨款、竞争性拨款、招生指标等方式进行干预，使得办学行为反映委托者的意志；微观上，学校内部管理层也影响着学校技能供给的效率。教学层是学校技能供给的实施层，担负着技能转移、创新的职责，主要通过师资、设备和教学场地影响着技能供给的质量。知识层是学校技能供给的产品层，主要表现在培养模式、专业设置、课程安排、教材编写等技能知识产品的供给。在校生是技能供给的学习层，通过精力、时间和操作，习得技能，整个职业教育体系效率反映在在校生的技能学习成果上。在校企合作过程中，企业也进入职业教育体系内部，在各个层面影响职业教育。

四、校企合作组织：单一结构与复杂功能

从近40年的实践经验来看，虽然在不同时期，每个地区甚至每个学校的校企合作形式不完全一样，如一些学校与企业共同组建职教集团或者生产性实训校区，另一些学校可能共同建设二级学院等，但校企合作的目标与结构具有一致性。

技能形成初期，供给者为了获取更多的潜在收益，倾向于竞争更多的产权激励。对学校而言，可以通过垄断的方式独享技能增值带来的潜在收益，但一个相对封闭的体系（半封闭），让学校无法独自完成技能增值的过程。通过校企合作要素共享，很好地解决了这一难题。校企双方形成以资本为纽带的耦合结构，增大了与政府博弈的话语权，并获得属地政府的制度保护。但增值的技能、模糊的控制权，加上地方政府的制度保护，使得校企双方在一个受保护的制度空间内围绕技能供给的潜在收益，在这个模糊的“公共区域”形成了一个基于合作的竞争关系。从目标上看，校企合作行为作为一种建立在劳动力市场和产权市场之间的衔接渠道和沟通机制，让市场的资本、技术、信息和人员通过这一机制进入职业教育体系，同时，也将职业教育技能进行输出，如早期的学徒制、厂内培训制等。在结构上，校企合作形成了一个由政府（主办方）、学校和企业构成的多元主体组织结构。首先，地方政府从校企合作外部空间的两个层面构建一套完善的支付体系：一方面是为校企合作提供制度空间，保护和监督双方在制度允许的范围内开展合作，如广东省中山市出台兼职教师津贴制度，对辖区内的企业技术人员到职业院校兼职给予政府津贴；另一方面，政府以制度承诺为双方合作提供信用担保，如20世纪90年代后期和21世纪初期，公办职业院校通过校企合作改善办学基础设施，若没有政府的制度承诺，企业是不会参与学校基础设施建设的。其次，学校与企业构成了校企合作的内部主体：学校提供场地、师生、设备，企业提供学校缺乏的教学资源，双方的合作基础是将规模化的技能形成的潜在货币收益作为支付方式。从功能上看，不同时期的校企合作所承担的功能存在一定的差异。表1-2列出了不同阶段校企合作组织结构与功能。

表 1-2　不同阶段校企合作组织结构与功能阶段

阶段		Ⅰ	Ⅱ	Ⅲ	Ⅳ
目标		厂内技能培训	改善办学条件	提升人才培养质量	建立市场化人才培养机制
形式		—	办学基础设施	实训基地（校区）职教集团	实训基地（校区）、职教集团、股份制学校、二级学院等
结构	政府	—	制度保障、信用担保		
	学校	—	提供场地、师生、设备		
	企业	—	提供资本、技术、设备、场地等		
功能		师徒制技术培训	改善办学条件	区域内人才培养与供给	全面对接市场；满足经济社会发展需求
学校与企业关系		学校是企业附属机构	商业合作	要素合作	资本层面：股份合作；业务方面：现代学徒制

第四节　我国高职院校校企合作的意义与未来趋势

一、校企合作意义

校企合作是职业院校与企业在各自不同利益诉求的基础上,寻求利益交集共同发展的一种组织形式。具体来说，校企合作就是指职业院校与产业界在人才培养、科学研究和技术服务等领域开展的各种合作活动。它是利用学校与企业的教育环境和资源，以培养学生的综合素质为目标，采取课堂教学与生产实践相结合的方式，培养适应生产、建设、管理、服务第一线所需要的高端技能人才的一种教育模式。国务院《关于大力发展职业教育的决定》明确提出：要依靠行业企业发展职业教育，推动职业院校与企业的密切结合，大力推行工学结合、校企合作的培养模式。教育部《关于全面提高高等职业教育教学质量的若干意见》中指出：要积极推行与生产劳动和社会实践相结合的学习模式，把工学结合作为高等职业教育人才培养模式改革的重要切入点。这表明校企合作是我国职业教育改革的重要方向，是我国职业教育发展的根本举措，同时也对企业能否做大做强起到至关重要的作用。

校企合作教育是一种“双赢”模式，主要体现在以下五个方面。

（一）推进高职院校软硬件的建设

我国对高职教育的投资主要依赖地方政府，经费欠缺是其发展的瓶颈。而经费不足的不良影响是全方位的，最严重的是导致部分职业院校扩招后在校园建设、教学场地、实训设备和师资力量等方面的严重缺陷，进而影响高职院校的教学质量和人才培养水平。校企合作可以有效地利用企事业单位的现有资源，整合校企双方有限的教育资源，有效地解决职业院校投入不足的难题，从而促进职业院校健康可持续发展。

（二）推进高职院校人才培养模式改革

校企深度融合，行业企业参与高职教育人才培养的全过程，共同与高职院校研究制订专业标准以及课程标准，对人才培养方案、人才培养目标、教学计划等把握到位，贴近行业产业的发展水平和职业岗位的需求，从而推进高职院校人才培养模式的改革，逐步实现高职教育人才培养的标准化和规范化，达到提升学生的专业水平和就业质量的目的。

（三）打造“双导师”素质师资队伍

高素质的师资队伍是提高高职院校教学质量和人才培养水平的关键要素。通过校企合作，职业院校的教师可以定期以脱产或半脱产形式到企事业单位进行跟岗实践锻炼，很好地弥补岗位能力和实操能力不足的缺陷；同时，企事业单位的专业技术人员和高级管理人员经过适当的岗位培训后也可以到高职院校进行兼职教学，从而解决实操教学师资不足的问题。因此，与企业的深度融合能够为职业院校培养一支具有高素养和高技能的“双导师”素质师资队伍，从而优化师资结构，提高师资水平。

（四）有效提升学生的综合素质

校企合作对学生的职业发展具有多方面的益处：一是有效地提高学生的实际工作能力，提升学生的综合素质，快速实现由学生向员工的角色转换；二是通过岗位工作实践，可以增强学生的自我判断力，提升学生的情商，从而帮助学生及早明确职业定位和岗位方向；三是可为学生提供工作机会，增强学生对社会的感知和体验，帮助学生积累真实的岗位工作经验，使学生更容易被用人单位录用，从而达到提高学生就业率的目的。

（五）提高企业效益和社会声誉

校企合作不但可以促进企业率先在内部进行改革转型，承担起更大的社会责任，还可以为企业提供人才支撑与技术支持，提高企业效益和社会声誉。一方面，职业院校对口专业教师可以为企事业单位开展员工培训、信息咨询、技术开发、产品设计、项目策划等，带动企事业单位积极改革创新，增强企业科技实力；另一方面，职业院校学生可以直接进入企业进行顶岗实习实训，能够为企事业单位提供季节性、调剂性的高素质劳动者，减少企业的用工成本，增强企业生产调剂的能力，达到增效增收的目的。

二、新时期校企合作教育发展趋势及启示

高等职业教育一直被称为发达国家经济腾飞的秘密武器，其高等职业教育的成功之处就在于走上了校企合作教育的办学之路。随着经济全球化及知识经济的到来，新一轮的校企合作表现出了合作理念市场化、合作关系制度化、合作模式多样化的新特征。而政府职能的主导化、合作主体的多元化、校企合作目标的多层化则是新的发展趋势。这客观上要求我们必须建立起“三位一体”的合作协调机制、“双轨制”的人才教育机制、市场化的利益分配机制以迎接校企合作事业发展中的新挑战。

（一）国际校企合作的特点

1. 合作理念的市场化

随着市场经济全球范围内的拓展，高校与企业合作的市场化特征也清晰

显现。首先是合作方式上的契约化。在发达国家，高校与企业之间基于市场契约在多层面上实现了合作，包括高校学生教育的导师制、学生实习的工厂作业制以及其他形式的合作培训、技能改造及技术成果的创新和成果转化。通过校企合作，企业为人才培养提供资源支持，提高了学生理论联系实际的基本素质和工作技能，同时也使教师在合作中“双导师”素质得以提升。同时，学校为企业提供人才、技术服务、职工培训等技术和人力支持。通过技术合作和职业培训，解决了行业企业生产中的实际问题和人力资源素质提升问题。企业在为学校人才培养做出贡献的同时实现了社会价值和企业效益的双丰收，实现了学校与企业的深度融合。这种人才培养与企业发展同步进行的“互惠双赢”的长效机制，有利于高校人才培养质量的提高。

2. 合作关系的制度化

在早期的校企合作过程中，具有明显的高校对于企业的依赖性，这导致高校学生的职业教育缺乏稳定的保障。而对于企业而言，也缺乏可信任、质量稳定的人力资源的输入。随着市场竞争压力越来越大，寻求稳定的校企合作资源也成为当前校企合作新的态势。越来越多的企业把与相关高校建立稳定的制度化合作关系作为企业管理的重要内容。通过制度化的校企合作关系，高校进一步明确了人才培养目标，而企业也能够及时获得其发展所需要的人力资源。就发达国家实践而言，制度化的校企合作关系已经成为现代企业解决人力资源素质的基本途径。因此，日本的职业教育被称为“企业眼中的教育”；德国的职业教育被称为是“企业手中的教育”，而未来中国的职业教育则被定位为“企业心中的教育”。

3. 合作模式的多样化

高职院校与企业合作形式的多样化或本土化是目前世界上职业教育的基本趋势。各国开展校企合作摒弃了早期的简单模仿，而是紧紧围绕本国实际，结合职业教育的实际创新特色的合作模式。当前国际上校企合作模式中较为成熟的模式主要有四种，分别是美国的“合作教育”模式、德国的“双元制”模式、英国的“三明治”式教育模式、澳大利亚的“新学徒制”模式。我国校企合作教育虽较西方校企合作起步较晚，但是20世纪90年代以来得到了高速的发展，关于高职院校校企合作的理论研究也取得了丰富的成果，

形成了诸多具有中国特色的校企合作模式，如“订单型”模式、“互动型”模式、“冠名型”模式、“引资型”模式等。

（二）校企合作的未来趋势

1. 政府职能的主导化

在发达国家的早期教育中，校企合作最初起源于学校对于职业教育中学生“理论实践结合”的需要，企业则客观上获得了“廉价劳动力”的双赢思维。在这一过程中，企业出于经济利益的需要，在学生实践中更多的是作为“学徒工”角色，实际的职业技能无法习得。这一境况一定程度上阻碍了发达国家对于熟练技术工人的需要，影响了发达国家工业化发展的进程，从而引起了国家的重视。政府在这一过程中，开始由“旁观”转变为通过政策、法律手段变为“主导”。

在美国校企合作的过程中，美国政府通过其政策导向对校企合作发挥积极的引导、协调作用。例如，1991 年 6 月美国劳工部成立了“获取必要技能部长委员会”（SCANS），该委员会强调学校必须通过教育让学生学会生存，为此发表了《职场要求学校做什么》的报告，要求学校、家长和企业要帮助学生获取职场上所必需的三项基础能力和五种基本能力。而德国更是通过立法的形式规定了企业必须参与校企合作。德国法律规定，企业和学校必须共同承担起职业人才培养的任务。英国通过颁布法律明确规定了企业与职业教育机构的合作关系，以及学生在企业实践中的内容、方法及监督评价体系等。

2. 合作主体的多元化

传统的校企合作形式更多地采用“双头”形式，高校与企业合作中职能相对独立。高校是合作过程的起点，承担人才技能培养，而企业并不参与到高校教学环节中去。另外，在传统的校企合作中，其应有之意在于企业为高校学生提供知识向技能的转化。但在实践中，由于企业在人才培养中参与的缺失，导致高校学生到企业中所用设备、仪器等并非是学校所学，即学生所学与企业所用是脱节的，因此合作效果并不理想。

基于双头合作的不足，21 世纪中后期以来，“双元制”的校企合作模式逐渐成为发达国家校企合作的主流趋势。虽然具体到各个发达国家表现形式会存在一定的差异，但是高校和企业参与到高校人才培养的整个过程是其共同

特点。学校与企业共同制订人才培养和教学计划；企业和学校联合进行专业的开发、课程设置、设备的添加；企业和学校共同建立联合实习中心，学生在企业实际生产所用的设备上进行实训，使学生学到企业真正需要的技能，并能在毕业后真正融入企业的生产中。校企合作具有“多元化”特征的国家有德国的“双元培训制”和日本的“产学合作制”、英国的“工读交替式培训制”和美国的“合作教育计划”。

3. 校企合作目标的多层化

在传统的校企合作中，培养目标简单、清晰，即为企业提供合格的职业人才。随着知识经济时代的到来，“创新”成为高校教育、企业发展的第一要素。同样，把创新融入校企合作中也成为校企合作的新元素、新目标。

在新的时代背景下，高职院校与企业合作拓展为两个基本层次：第一，人力资源培养的合作；第二，创新资源的合作。在这一合作体系中，高职院校不仅仅是企业技术人才培养的基地，同时是技术新产品、新技术的培育孵化基地。

（三）新趋势下的中国高职院校校企合作发展对策

随着知识经济及经济全球化的到来，校企合作面临着新的发展环境及趋势。在新的时代背景下，中国高职院校校企合作的发展路径可以归结为四对基本关系的处理，即“政、校、企关系”“学生、学工关系”“理论教学、实践教学关系”“人才培养目标与技术创新目标关系”。基于以上分析，提出如下对策。

1. “三位一体”的合作协调机制

所谓“三位一体”的合作协调机制，即建立起“委员会”制的校企合作协调、管理机构，如校企合作管理委员会。这一机构应由政府主管部门、企业及学校相关机构或分管领导组成，其职能可以定位于“政府引导，学校主体，企业全程参与”的模式。这一模式与西方经典模式的差异在于：西方发达国家，如德国、英国甚至日本都是采用企业主体的形式，即企业招收，而学校参与员工教育。

由于中国不同于西方的高校招生体制及企业用工模式，企业为主的模式并不适合中国。

在“三位一体”协同体系中，学校的主体地位表现为高职院校在国家政策、法律的指导下，负责学生的招收、管理及输入，其客观角色是“学生代理人”。它的职责在于为学生设定培养目标及可行性的实现计划，代表学生与企业建立有效的合作模式。企业全程参与的含义在于，企业不仅是高校学生实习的场地，而且更重要的是需要从职业的角度为学生提供职业适应的技能、素质目标，并要为目标的达成承担相应义务。这要求企业要积极参与到学生教育的课程设置、培养计划的设定等学生教育的具体环节，而不是仅作为一个培训基地。在这一体系中，政府起主导作用，主要任务是基于国际合作教育的发展趋势，对高职院校与企业的合作发展方向给以引导，从政策上给以扶持和规范。

2. “双轨制”的人才教育机制

“双轨制”的人才教育机制本质意义在于把理论学习与实践教学有效融合。西方国家的早期校企合作及我国当前的高职院校校企合作教育中存在着较为明显的理论教育与实践脱节现象。在诸多高职院校中，学生的理论学习是脱离于实践需求的，它们是两个相对孤立的环节。这导致学生在实践中，所学理论根本无法对实践起到指导作用。所以，建立起理论紧密服务于实践的教育机制是高职院校校企合作教育的生命线和价值所在。这客观要求高职院校在理论教学时，必须与实践对接，而企业应全程参与学校的人才培养过程，在教学计划的制订、教学内容的确定及教学改革等方面积极参与，企业应形成“我需我参与”的参与意识。这客观上需要延长高校和企业的合作链，把校企合作由即将毕业的高年级扩展到大一、大二阶段，使实践教学成为职业教育的常态或日常课程内容。

3. 市场化的利益分配机制

在中国的校企合作中一个明显的不足是企业积极性不高，根本原因在于缺乏共同的利益整合机制。高校和企业之间的合作还仅建立在表面上的简单合作关系，缺乏共同的利益共生平台和分配机制。为了进一步深化校企合作，需要在高校和企业之间建立起基于市场化的利益分配体系。首先，在高校与企业的合作中，应基于双方的市场需要，整合双方优质资源，提高双方资源使用效率。双方的合作不应仅限于学生的实习、实训、教师的实践，应进一步扩展到包括聘请企业的工程技术人员到职业学院兼职任教、为企业委托培养急需人才、职工的培训、技术难题的攻克以及科研成果的转化等。另外，积极探索企业出资办学的模式，按照市场规律，鼓励企业投资学校，使企业和学校形成双赢的利益共同体，建立起稳定、长期的合作关系，共同承担合作风险，按照约定分享合作收益。

第二章 高职院校校企合作的主要模式与内容

我国校企合作起步较早，从20世纪50~60年代开始，在教育和科技方针的指引下，广大高校教学和科研人员就投身于生产实践，开始迈出了校企合作的步伐，但从组织形式和合作内容看，有一个由点到面、由低向高、由浅入深的发展过程。党的十一届三中全会后，随着改革开放的开始，我国工作重点转移到经济建设上以来，高校与企业的合作，进入了一个新的阶段，创造了多种合作模式。由于高校和企业分别生长于社会系统中的科学教育子系统和产业子系统，各有自己的分工，高校的优势在于拥有科学技术、信息资源、高层次的人才群体等，劣势是对现实市场需求不甚了解，偏重于研究，与经济建设联系不紧密，并限于投入不足，科技成果转化为生产力的能力不高等。企业的优势在于拥有实力雄厚的生产设施、众多的生产队伍和资金，劣势是缺乏适合本企业发展的技术成果与科技人才以及自主开发能力等。基于校企本身的优缺点及市场形势的变化，校企合作的模式也慢慢随之演变。

目前国内学术界对校企合作模式的研究很多，有学者把校企合作的模式总结为十种模式：一体化模式、高科技园模式、共用模式、中心模式、工程模式、无形学院模式、项目组模式、包揽模式、政府计划模式和战略联盟模式。也有文章提到了全面合作模式。还有学者将其分为七类：大学的院、系、所向企业提供正式或非正式的顾问服务；企业提供资金作为高校研究的基金，企业拥有获取技术创新的权利，并对研究的课题进行有限的控制；高校接受委托进行实验室内的基础研究；交换研究人员；高校为企业培养所需的技术人才等。还有按照校企合作的界面不同，将我国的校企合作模式分为以外部市场交易为纽带的链接、以产权为纽带的链接、以政府计划为纽带的链接、以高校和企业之间自发产生的合作项目为纽带的链接，以及大学科学园区五种形式。也有学者按照合作的紧密程度将校企合作模式划分为三类：内部化模式，即从产权角度将产学研合作创新活动纳入组织内部进行，如高校—企业共建企业；外部化模式，即高校—企业双方通过市场机制进行技术交易；半内部化模式，即存在一个松散式的组织，将合作双方联系在一起，如高科技园模式和技术联盟。

总之，目前我国校企合作的模式大致可进行如下划分：基于不同目标导向的模式分类、基于不同主体作用的模式分类、基于不同合作方式的模式分类。

第一节　基于不同目标导向的模式分类

研究者根据校企合作目标导向的不同，将校企合作模式分为如下四种。

一、人才培养型合作模式

这一模式是企业根据自身的特点和市场的变化，同高校进行订单式人才培养。在人才培养方面，许多高校与企业已建立起了长期的合作关系。一方面，高校利用教学和科研条件，为企业定向培养技术人才和经营管理人才，这已成为企业解决人才匮乏和培养综合性人才的重要途径；另一方面，企业利用先进的生产设备和资金资源为高校提供实习基地和试验基地，这也成为高校人才培养的重要内容。采用这一模式，高校主要是为了提高学生的实践能力和创新能力，企业则是为了培养面向市场、面向生产和技术开发的应用型和创新型高素质人才。这种模式的特点是：以合作教育为主要手段，通常采取定向委培招生、联合办学、共建基地、互相兼职等合作形式。

（一）校企合作人才培养的必要性

劳动保障部《高技能人才培养体系建设“十一五”规划纲要（2006—2010年）》中指出，校企合作人才培养就是：紧密结合行业、企业对高技能人才的需求，建立学校和企业联合培养高技能人才的制度。鼓励企业结合高

技能人才的实际需求，与职业院校联合制订培养计划，为学校提供实习场地，选派实习指导教师，吸收教师、学生参与技术攻关。

1. 校企合作人才培养是我国当前就业形势的迫切需要

由于我国人口多，当前和今后一段时期，就业形势仍然很严峻，特别是劳动者整体素质不能适应就业需要的矛盾继续存在。目前，全国技术技能劳动者有 8720 万人，占全国城镇从业人员的 32.9%，其中技师和高级技师 360 万人，仅占技能劳动者总量的 4%。劳动保障部对 103 个劳动力市场的监测结果表明，登记的求人倍率均大于 1，对高技技师、技师、高级工程师的求人倍率分别达到 3.3、2.2、2.1。

党的十七大报告提出，要大力发展职业教育，这是建设人力资源强国的重要途径，也是实现社会就业更加充分的重要措施。

2. 校企合作人才培养是企业人力资源开发的迫切需要

加强高技能人才队伍建设是提高企业核心竞争力和国际竞争力的一项重要的基础性工作。高技能人才匮乏，已经成为制约我国经济发展和产业竞争力提高的一个瓶颈。“中国制造”要走向世界，仅仅靠劳动力的低成本难以参与国际竞争，更难以占领国际市场，迫切需要高素质的劳动者，特别是大批高技能人才。

3. 校企合作人才培养是职业教育提高自身竞争力的迫切需要

完善以就业为导向的办学模式，工学结合、订单培养、产学研一体化等，都是职业教育在办学过程中，促进就业、促进办学水平和培养质量提高的成功范例，也是职业教育校企合作人才培养模式的重大突破。以就业为导向的办学模式，要求培养的学生与用人单位科学、有机地实行“产销”连接。也就是运用校企合作人才培养模式，充分发挥教育在人力资源开发中的能动作用，利用市场的力量使职业教育在促进人力资源开发中发挥更重要的作用。而职业教育也只有在促进人力资源开发的过程中认识自我、完善自我、发展自我，才能提高自己的核心竞争能力。

（二）校企合作人才培养的可行性

1. 职业教育的培养目标与企业人力资源开发的需求相吻合

职业教育以培养生产、服务一线应用型人才为目的，是培养数以亿计高

素质劳动者和数以千万计专门人才的平台，与国民经济的各行各业迫切需要数以千万计的高技能人才和数以亿计的高素质劳动者的需求相吻合。

2. 职业教育是企业人力资源开发的重要途径和手段

职业教育是适应社会和经济发展的产物，与行业、企业、农村和社会用人部门密切相关，市场需求是职业教育最根本的切入点，与经济建设同呼吸、共命运。所以职业教育可保证直接有效地开发人力资源。

3. 国家出台的政策支持校企合作人才培养模式

劳动保障部《高技能人才培养体系建设“十一五”规划纲要（2006—2010年）》中指出，要通过建立政府及有关部门负责人、企业行业和职业院校代表，以及有关方面专家组成的高技能人才校企合作培养协调指导委员会，强化职业院校和企业的联系。改革培养模式，建立高技能人才校企合作培养制度。

（三）校企合作人才培养的具体实施途径

国家要求加快人才培养体制和机制的改革，积极推进校企合作教育。鼓励高等学校与企业开展合作办学，联合建设重点领域学科和专业，按照企业对人才的要求实行“订单式”培养。聘请行业主管部门和企业共同参与制订人才培养目标、进行课程设置、开展教学质量评估。加大人才培养模式和教学管理制度的改革，工科在校学生要到企业进行毕业实习和毕业设计，时间不少于6个月。建立“双导师”教师队伍，积极邀请企业专家兼课，派教师到企业学习。

高校通过与用人单位签订校企合作协议书，与用人单位就教学实习基地、冠名班、就业基地等事宜，经双方友好协商，达成合作意向。

校企合作协议书就是用人单位的“订单”，这张“订单”不仅是一张“用人”需求的预定单，还要包括从培养目标、课程计划到教学方法、评估方法等在内的订单培养计划。要在用人单位“需求”的前提下，充分发挥用人单位人力资源与物质资源在办学过程中的作用，具体做法如下。

1. 教学层面的合作

（1）企业参与学校招生和毕业生的就业。在学校招生阶段即选拔一个班学生作为“签约准员工”，企业就缺口岗位与校方达成培养协议，每年所需专

业人数通报校方，由校方负责招生、培养，企业选择优秀学生进企业顶岗实习一年，学校和企业共同签订高技能人才的就业协议。校企双方合作共同研究培养高技能人才的专业教学计划，使学校的专业教学计划能够与市场需求良好对接；注意把企业人力资源开发计划与学校的教学计划、课程标准对接，使企业人力资源开发和学校教学环节紧密结合，教学针对性更强。

（2）企业为校方提供实践基地，由企业指派人员对学生进行实训；加强学校教学与生产实际的结合，弥补学校教育与企业生产脱节的缺陷，培养和锻炼学生解决企业生产一线实际问题的能力。校企双方共同研究开发培养高技能人才的教材；并将与企业生产密切相关的、直接从企业生产一线提炼出的生产性案例在校内对学生进行案例教学，或直接放到企业，由企业工程技术人员或生产骨干，根据课题的内容和教学要求在生产现场实施教学。

（3）学校根据企业需要对企业的在岗人员进行专业知识培训或取证培训。

2. 师资队伍培养的合作

校企共同选定培养高技能人才的师资；学校积极引导各专业教师深入企业生产一线顶岗进修，紧贴企业实际进行培训课题开发。同时聘请企业有丰富实践经验的技师、高级技师走进来一起参与课题开发和直接从事教学。

3. 产学研合作

拓宽产学研一体化办学思路，在条件成熟时，积极承接企业加工难题，由教师带领冠名班学生进行技术攻关，成功后将其开发成冠名班教学课题。

4. 文化层面的合作

将企业文化与理念传输给教师和学生。每年请企业有关部门主管为学生开展讲座。企业还参与对学生的评价、学生管理模式的制订，有针对性地培养学生的职业责任感和敬业精神。

搞好专业文化建设，通过引入企业文化，校企结合，培养学生适合企业需要的专业文化素质，即专业化的工作技能包含技术、资质和通用管理能力；专业化的工作方式包含形象、思维、语言；专业化工作操守包含道德、态度、意识。

（四）校企合作人才培养的作用和意义

对国家来说，校企合作培养人才是加快国家人力资源开发，促进就业再就业的重大举措；是全面提高国民素质，把我国巨大的人口压力转化为人力

资源优势，提升我国综合国力，构建和谐社会的重要途径。

对企业而言，“订单培养”是快速造就人才的有效途径，开展校企合作能有效地保证企业对技能紧缺型人力资源的开发需求，可以较好地解决企业对人才标准的培养途径与质量要求等问题。在校企双方紧密型合作过程中，由于教学计划是校企双方共同制订的，所以学生在实习前初步具备了顶岗生产的能力，使企业感受到接受学生顶岗实习不仅不是负担，而且成为有效的劳动生产力。同时学校让合作企业优先挑选、录用实习中表现出色的学生，使企业降低了招工、用人方面的成本和风险；获得了实惠与利益，在教学中充分体现“订单培养”为企业“量身订制”人才的功能，突出企业岗位要求，注重工学紧密结合，加强学生对企业文化认同感与归属感的培养，并最终实现订单学生综合素质与企业岗位的无缝对接。将校企合作作为营造“学习型企业”的重要组成部分，提高企业竞争力。企业亦可以通过对教育的支持，起到宣传效应，树立企业形象。

对学校来说，开展校企合作能有效地使学校了解企业对人才数量与质量的要求，从而确定人才培养目标，确立服务企业的办学理念，明确人才培养的质量要求，创新人才培养方案的制订，变革人才培养的途径与方法，使之满足企业对技能紧缺型人才的需求。在招生宣传方面，学校注重突出订单企业及其合作的成效，让学生与家长更多地了解企业发展前景与岗位要求，努力使他们对自身发展做到“心中有数”，体现了“以学生为本，为学生发展考虑”的办学理念。使学校人才培养结构基本适应劳动市场的变化需要，全面提高学生的就业水平与发展能力。提高合作企业及劳动市场对学生的认可度。校企合作人才培养是职业教育的核心竞争力所在，一定要坚持并发扬光大。对学生而言，校企合作人才培养模式使学习内容与企业的需求零距离、使实践锻炼与职业岗位零距离，必将促进实践能力和综合素质的提高。还能使学生亲身领略企业文化并更好地融入其中，培养学生对企业文化的认同感与归属感，让学生更多地了解企业发展前景与岗位要求，从而对自身发展做到“心中有数”，提高就业水平与发展能力。

二、研究开发型合作模式

这一模式是校企双方以科学研究和技术开发为“接口”，以促进科技与经

济有效结合、提高企业技术创新能力为目标而进行的合作，是加速科技成果产业化进程、促进科技与经济紧密结合、快速提升企业技术创新能力的重要手段。通常的形式有：高校向企业转让科技成果或为企业提供技术咨询、管理咨询和信息服务；高校与企业联合承担重大科研课题或大型工程项目，联合开发新技术、新产品或高校接受企业委托研究项目；校企共建研究开发实体，包括联建实验室、研究所、技术开发中心、工程研究中心、产学研合作示范中心、中试基地等。

职业教育应坚持校企合作、产教融合、工学结合、知行合一的发展道路，这不仅是经济发展对职业教育提出的客观要求，更是职业教育可持续发展的必由之路。其中，高职院校开展科研工作是解决行业、企业人才需求，为地方经济和社会发展提供技术和智力支持的重要途径。

在校企合作方向的指引下，高职院校科研工作应该走出一条具有鲜明职教特色的发展之路。而目前许多高职院校科研方向紧跟本科院校步伐，走基础型、研究型研究之路，这样不仅失去职业院校的特色，而且使高职院校科研的发展一直处于薄弱水平。高职院校在开展科研工作时应在校企合作的基础上，对企业、行业在技术攻关、新产品开发等方面开展应用型研究，这样才能发挥优势，走出具有职教特色的科研发展道路。

（一）校企科研合作模式现状

目前，我国理论界对校企合作的研究一直都是把它融合在产学研中共同来研究的，研究人员从不同的角度分析了制约我国高校科技成果转化的原因，提出了转化过程的制度环境建设等问题。把校企合作创新单独作为研究对象的比较少，理论观点较为分散，尚未形成完整的理论体系。

胡延华在《论高职院校校企科研合作的模式》中指出，校企科研合作要经历三个阶段，即积蓄研究基础阶段、研究阶段和研究成果阶段，在每个阶段又有其具体的模式。在周峥的《加强校企科研合作提高高校 R&D 活动产出》中指出，校企科研合作有着广泛的形式，不同的形式适应不同的需要，形式是为合作目标服务的，面对广泛的合作需要，就必须不断进行科研合作模式的创新，校企科研合作模式可分为四种：虚拟人才合作模式、项目合资模式、研究中心合作模式和创新网络模式。

高校与企业合作是应该大力提倡的一种合作形式，高校可以发挥人才和技术优势，企业可以发挥需求和服务优势。加强校企科研合作，必须根据校企双方的资源和需要，采取灵活的方式。较具代表性的企业与高校研发合作模式主要有技术协作、合作开发、共建研发实体、共建联合实验室和研究基金合作等，其中，技术协作、合作开发是企业与高校研发合作最基本的合作方式。企业与高校基于各自的组织目标和组织特征，对研发合作模式的态度并不相同。企业与高校合作模式决定了利益的分配方式和风险的承担比例，只有在双方做出一致的模式选择的情况下，研发合作才能找到结合点，因此，合作模式选择是决定合作成功与否的关键。

（二）校企合作开展科学研究与技术开发的必要性

1. 对职业院校教师“双导师”素质的要求

对于高职院校而言，师资队伍有着其自身的特点，校企合作、工学结合的人才培养模式，体现在对教师的要求上就是组建一支具有实践经验的“双导师”型教师队伍。以三亚航空旅游职业学院为例，其教师主要来自企业一线和高校，来自企业的教师经过多年岗位磨炼，大多是经验丰富的“老师傅”，他们具备过硬的岗位技能和丰富的操作经验，擅长实践课程的教学；来自高校的教师大都是毕业即进入学院任教的青年教师，他们理论基础扎实、知识结构更具有系统性，擅长理论课程的教学。这两种教师在教学方面各有所长，但在教学中容易造成理论和实践内容衔接不够紧密，甚至脱节情况的发生。科研项目是一个用理论知识解决实际问题的过程，能够将学科基础理论问题与实际问题研究紧密结合起来，教师在科研项目的推进中，通过科研与教学的良性互动，既提高了青年教师的专业素质和解决问题的能力，也提高了“老师傅”们的理论知识和教学水平，促进学院“双导师”队伍的建设。另外，行业在发展，知识与技术在不断更新，教师通过科研项目到行业、企业去了解变化并收集信息，同时获得再学习和培训的机会。

2. 对实用型人才培养的要求

职业教育应当实行产教结合，为本地区经济建设服务，与企业密切联系，培养实用人才和熟练劳动者。因此，高职院校人才培养的定位，应立足当地，服务社会和企业。例如，三亚航空旅游职业学院地处海南三亚，为海航集团办学，所以在人才培养方面，其定位是依托海航、立足三亚、服务海南，培

养满足海南国际旅游岛建设和海航集团发展需要的创新型高技能、实用型人才。

科研项目的开展要求教师必须深入生产一线、走在行业前沿，教师通过开展科研工作，不仅掌握行业发展中的动态和研究趋势，也为课堂授课积累了大量来自生产一线的鲜活素材和案例，及时补充和更新了教学内容，使课堂内容更新、更生动、更贴近岗位，提高了学生对岗位的认识以及解决问题的能力，并能够促使学生对所学知识产生浓厚的兴趣，进而提高课堂效果。所以，教师科研的开展与人才培养的关系是相互支持、共同发展。科研以其探索过程中获得的新知识，不断丰富教学内容，成为教育进步的源泉。

3. 服务地方，解决企业问题的要求

一方面，高职教育走校企合作、工学结合的办学道路，必须与企业建立校企合作融合的长效合作机制。三亚航空旅游职业学院紧密围绕区域经济社会发展和行业、企业需求，构建了以“两航一游”为特色的航空、航海、旅游三大专业群。三亚航空旅游职业学院在空中乘务、航空机电设备维修、国家船员教育和培训资质等方面，填补了海南自主培养航空、航海人才的空白；旅游管理、酒店管理等旅游类专业，毕业生中大部分作为中高级管理人才任职于三亚顶级品牌酒店、三亚免税店等，为海南发展旅游经济、海洋经济提供强有力的人才支撑。另一方面，学校还应该利用专业教师这一智力资源做好政府的智囊团，为企业的技术改革献力。旅游是海南省的支柱产业，航空业是海航集团的优势板块，三亚航空旅游职业学院的航空、旅游等学校骨干专业应充分利用相关领域的专业师资，以科研为平台为行业发展助力。高职院校教师在科研工作中才能够发现社会和企业发展中亟待解决的问题。

（三）校企合作开展科学研究与技术开发的实施途径

高职院校在科研开展方面目前普遍存在的问题主要有以下几方面：教师对科研工作重要性认识不足，科研意识淡薄，进而造成学校整体科研氛围不足；缺乏科研团队，少数教师单打独斗，多数教师置身事外；科研深度不足、成果欠佳等。很多问题在高职院校校企合作发展之路引领下能够得到较好的改善。

1. 建立校企合作平台，找准科研方向

高职院校的科研工作需要紧密结合区域经济和社会发展的需要，所以教

师在进行科研选题的时候，应本着服务地方的宗旨，以解决现实问题作为出发点和落脚点。

2. 完善校企合作机制，营造良好科研氛围

很多高职院校科研工作发展很难推进，其中根源上的问题是很多教师思想上对科研开展的认识和重视程度不够。

通过完善校企合作机制，在校企合作、工学结合模式下，学校有计划地安排教师到企业挂职顶岗，从而培养教师的实践能力和科研能力。政策上可提供的保障有：①学校要建立健全和完善的科研激励机制，充分利用科研工作导向作用来激励科研人员，创立良好的科研氛围。例如，在时间上为教师参与科研工作提供政策支持，或参加顶岗生产实习，让教师在生产过程中发现问题，设立研究方向；②在科研工作推广上，要体现技术要素参与分配原则，对教师实行效益提成，技术入股，在职称、津贴和聘用方面向参与科研工作的教师倾斜。

3. 发挥中坚力量，组建科研团队

高职院校没有形成自己的科研团队，其中主要原因是科研骨干培养不够，高层次人才缺乏，因而还未能形成高素质研究团体。在生产一线成长起来的老教师，理论知识相对薄弱；而青年教师大多缺乏实践经验。所以无论是青年教师还是来自企业一线的老教师，都难以成为科研团队的核心力量；学校可以先从引进或培养学术带头人入手，通过引进外来教师或重点扶持校内科研能力较强的教师，使他们能够脱颖而出，形成科研团队核心，在此过程中，学校的制度保障很重要，各高职院校可启动学术带头人制度，借助“传、帮、带”的方式，带动其他教师一起搞科研，让他们在科研中发挥各自优势，让科研项目成为高职院校应用型研究得天独厚的载体。

4. 深化校企合作模式，建立科研成果共享平台

诸多学者根据探索，将我国高职院校校企合作形式划分为三个层次：浅层次合作、中层次合作和深层次合作。大部分高职院校基本建立了校企之间的浅层次合作。而从浅层次到中层次升级的关键在于校企之间师资互聘、订单培养，在人才培养方向上更加订制化，更加贴近企业岗位需求；从中层次到深层次的升级则对学院的科研提出更高的要求，要求高职院校能够针对企业的发展需要确定科研方向、进行成果转化和应用，既能有力地促进教学，

又能服务企业的发展。很多高职院校存在科研成果欠佳、推广不足的问题，通过校企合作模式，建立起科研成果共享平台，可以使科研成果得到更好的推广，产生理想的效益。

校企双方形成多元投资主体，建立互惠互利的利益共享关系，优化“教学—科研—体化模式”。所以，建立科研成果共享平台，是深化校企合作的要求；同时深化校企合作也为建立科研成果提供了保障。

建立校企双方共赢的利益驱动机制，可以充分调动和激发校企双方科研合作的积极性，巩固和发展校企合作的成果。所以，校企双方以科研项目为依托，可以实现双方利益的联结。从寻找符合发展要求的科研项目开始，学校就开始与行业、企业对接，通过联合调研确定方向，让科研方向符合企业的利益，有利于企业的经营发展，科研成果产生实际效益，增加企业收入。

三、生产经营型合作模式

这一模式是校企双方围绕开发生产科技含量高、附加价值大的科技新产品，以满足市场需求、提高企业效益为目标而开展的合作。在这一合作模式中，高校一般以技术作价入股，参与企业技术开发、生产经营和日常管理，有的在技术入股的同时注入少量资金，使合作双方利益共享，风险分担，关系更加紧密。值得指出的是，随着我国科技体制和高教体制改革的不断深入，高校研究人员自带成果创办企业的现象日益普遍，在一定程度上促进了我国科技型中小企业队伍的发展壮大。

在校企合作中，高校以科学技术成果作价出资入股与其他形式的资产（如货币、实物、固定资产等）相结合，按法定程序组建新的有限责任公司或股份有限公司的高新技术企业，有效实现资源、人才、资金、技术的优化配置，是实现科技与经济结合的有效途径。技术入股在欧、美等发达国家已经十分普遍，近年来，在我国也受到广泛重视。但是，技术作为一种出资形式，与货币和其他有形资产存在很大差异，这种差异导致技术入股所涉及的经济、法律关系更为复杂，出资各方的权利义务有许多新的特点，存在一些需要进一步探讨的问题。

（一）高校技术作价入股的特点

相对其他校企合作模式，技术入股具有以下特点。

1. 主体利益的一致性

各合作方从自身利益的需求和发展目标出发，共同开发、生产、销售技术产品，变下游合作为全程合作，局部合作为整体合作，单纯技术合作作为技术经济全面合作。这样，可以发挥各方主体的优势和积极性，保证合作的长期性。

2. 市场交易内部化

各方主体之间原有的市场交易关系被整合在所组建的高新技术企业内部，用制度和组织取代市场交易来实现资源的优化配置，少走弯路，有效节约交易成本。

3. 投资主体多元化

这种校企合作形式，不仅使多种出资形式有效结合，共同投资、共同经营、关系明确，直接实现与市场的对接，而且可以使投资风险、经营风险相对分散。

4. 知识资本化

技术入股的方式赋予了技术与货币同等的资本价值，股权平等。这种方式有利于实现知识资本与货币资本的有机结合，促进高校的成果转化。

（二）入股技术的评估

对入股技术的评估作价，是技术入股过程中最重要、也是最难把握的因素之一。因为技术成果一旦进入市场，与货币发生对比关系，就要对技术成果本身进行货币化，明确其市场交易的折算关系。包括《公司法》在内的相关法律、法规虽作了相应的规定，但是，目前国内由于没有相对成熟的评估标准，更谈不上统一的规范，从评估程序、指标设计、评估方法上讲，并不能准确地反映被评技术成果的实际情况，使得技术评估显得尤为困难。

不过，技术作为一种无形资产，不同于一般无形资产的评估和市场预测。首先，要有一套科学的评估方法，使无形资产的评估公正、客观；其次，技术评估的重点是对技术成果的可行性和成熟性作出认定和判断，不能简单地

认定“行”或者“不行”；再者，要对市场前景进行预测，一项技术成果，往往会受到支撑技术、市场容量、成本等多种条件的限制，所以对技术成果的评估往往涉及对市场的预测和评估，评估本身就强烈地依赖于市场信息的准确，否则将造成不可逆转的损失；最后，要对入股技术的权利状态即入股方式以及是否为高新技术等做出认定结论，脱离实际内容的评估是没有意义的。

技术的评估作价，是对技术未来获利能力的预测和估算。作价方式有：一是由具有法定资质的评估机构评估作价，适合于系统性、全局性、风险高、市场前景大、收益可观的技术成果，这种作价方式是目前我国技术入股中普遍采取的方式；二是投资各方协议作价，适合于小件、局部改良、单独性质的技术成果（如实用新型专利、外观设计等）。

四、主体综合型合作模式

在这一模式下，校企双方合作的目的具有多向性，即通过多方位、深层次的合作，达到既培养人才，又提升创新能力，同时获取最佳经济效益的目的。它不是单纯的一对一的合作，而是一对多、多对多的合作。其形式主要有共建高新技术开发区和大学科技园，建立松散或紧密型的教学、科研、生产联合体等。

第二节　基于不同主体作用的模式分类

研究者根据校企合作的主体作用不同，将校企合作的模式分为以下三种。

一、企业主导型校企合作模式

在该模式下，企业为满足市场竞争的需要，一方面致力于提升自身的研发能力，另一方面以委托开发、合作开发和共建研究机构等形式寻找高校的技术支持、咨询和服务。企业处于主导地位，并承担相应的研发和成果转化风险，高校的技术创新活动围绕企业的需要进行，其研发活动的内容、形式和范围由企业决定，高校是参与者的角色。

（一）企业主导校企合作的原因与方式

企业作为主体进行新产品开发和商业化发展的内生性原因得到了一些国外学者的研究，研究发现以企业为主体进行合作创新可以更好地规划研究开发，并获取更高的市场回报。并从另一个角度，通过对非政府组织（NGOs）和联合国工业发展组织（UNIDO）的合作创新项目研究发现，如果没有营利性的企业主导参与，即使它们具有相当的组织能力完成项目创新，但却无法获取相应的产出效应。

从现实情况来看，产学研结合也必须以企业为主导，才能以市场机制实现持续的技术创新，充分发挥出产学研结合这一技术创新平台的作用，这是新经济革命的基本结论。企业为主导的原因主要有两个：一是企业的经营目标是追求利润最大化，这一目标只有在市场竞争中才能实现，明确和强化企业在产学研结合中的主体地位，有利于在产学研结合中引入市场机制，实现研发工作的市场导向，从而在制度上保证持续技术创新的实现；二是企业由于具有贴近市场、了解客户需求方面的优势，能够较为准确地把握市场现在和未来的技术需求，从而有利于在产学研结合中正确把握研发方向，迅速地把高校、科研院所和企业的科技资源整合起来，提供有市场前景的产品和服务，提高产学研结合的成功率和效益。

企业真正成为校企合作创新的主体主要表现在以下四个方面。

（1）企业要作为校企合作创新的决策、投资主体，这意味着企业在合作创新形成之前，应根据自身的利益和对市场的认识，自主选择适合本企业发展目标的合作创新项目，并进行筹资、投资，承担相应风险，大学、科研院所以及政府的专家共同参与项目的筛选和论证。

（2）企业要作为校企合作中研究开发的主体，并不是说合作研究开发工作一定要在企业进行，而是指企业在研究开发的整个活动中要把握其产业化方向，从产品设计、原材料选择、生产方式到项目管理，企业在开发研究的每一个阶段都应该参与，以保证研究开发紧贴企业的产业化能力。

（3）企业要作为合作创新利益的分配主体，即如果合作研究一旦形成产品，企业就可以自己申请专利进行必要的保护，同时在合作之初，就详细规

定利益分配的方式，合作成功之后在满足大学和科研院所协议规定的利益外，有权对其收入进行自主分配。

（4）企业要作为技术转移的主体，即对于大学和科研院所因政府资助所得的研发成果在进行技术转让时，企业应负责与大学研发机构共同制订详细的技术开发计划书，确定能有效达成技术商业化目标的合理期限。

（二）企业主导型校企合作的几种典型模式

当前，校企合作创新的方式不断涌现，合作的领域、规模、期限不断扩大，从企业出题、高校和研究所攻关这样一次性短期合作，逐步发展到共建企业技术工程中心、开放型实验室和联合经济实体等多种形式的长期稳定的合作关系。本部分主要分析两种近年来市场经济条件下出现的典型模式和亟须推广的校企合作模式，对于技术咨询、技术服务、技术转让、委托研究开发等传统模式就不再赘述。

1. 共建经济实体

大型企业或企业集团为长远发展的需要，协调产学研各方的资源优势，以法律规范下的协议或合同为依据，按照现代企业制度组成长期合作经济实体。其主要特征如下：以自己稀缺的资源为合作目标寻求合作伙伴，实现了资源的紧密结合，优势互补，风险共担，利益一体化；除了资源合作，还体现了组织、管理、市场等各方面合作；一般有比较完善的管理体制，产权明晰、责任明确、责权规范，优势发挥充分；利益分配按各方出资比例确定，其中高新技术的出资比例要根据技术的预期收益与风险性、市场的紧迫性、技术的独占性和稀缺性等因素确定。在实践上，合作形式可表现为有限责任公司、股份制公司、科研或生产联合体等；一种特殊现象是共建科研型经济实体，形式为研究开发中心、中试基地等，一般建立在企业内部或大学和科研机构内部。

在共建经济实体时，大学或科研院所一般以其成熟的科技成果的知识产权进行技术入股，或辅以适量的资本入股，与企业合资组建新的经济实体，实现科技成果转化或高新技术产业化。新的经济实体按《公司法》独立运作，既独立于投资企业，又为企业的技术发展服务。新的经济实体建立之初，应该从产权角度保证发展方向的合理性和稳定性，促使科技成果产业化目标的实现，股本一般由大学、科研机构筛选出的有市场化前景的科技成果作价，其他企业法人参股，确立明晰的资产组合方式。同时，为了保证发挥大学和科研机构的优势，应设置“发展基金”用于科技开发、基础性研究、学科建设和优秀学生奖励，这些学生毕业后可留在公司任职。

2. 作为校企合作高级形态的技术并购

从技术经营角度看，获取战略性技术的手段不必从研发起步，而可以从购买技术资源开始。企业在技术经营中，通过利用企业外部的技术资源，迅速实现本企业的经营战略，而且在利用外部技术资源的同时，也考虑企业自身的技术积累和储备。总体来说，就是企业以上游研发成果为目标，购进下一波崛起的中小型科技公司及相关原创技术或产品，从而进入新的产业领域或市场，通过创新主体外部化，收购、投资或控股来完成产业创新。20 世纪 80 年代以来，发达国家企业技术竞争力来源发生了巨大变化，在技术导入战略中，并购占据了相当重要的地位。通过并购、联合企业、研发联盟及技术搜索获取技术的重要性随时间的推移有所上升，而内部研发的重要性有所下降，由并购获取研发资源成为企业获取技术的重要战略。另外，技术更迭催生了许多创新型公司，从而为技术并购提供了条件。

当前我国高新技术产业发展很快，但是企业规模总体偏小，规模经济效益不够显著，不利于进一步的技术升级和企业发展。如果通过有资源优势的大企业对这些掌握某一方面高新技术的中小企业的技术并购，则可以形成资源和技术的良性互补，充分发挥出新技术的市场潜力，反过来也可以加强原被并购企业的研发，使更好的新技术迅速诞生。另外，集中在高校和研究院所的科技资源，许多校办、院办企业（多数为中、小企业）、科技园、创新基地和高科技孵化器，由于体制等原因，其经济效益还远未得到充分发挥。通过技术并购这种高级、紧密的结合方式，可以使这些具有高技术但市场能力不足的企业的技术更好地进入研发能力相对不足但是面向市场能力强的企业，使并购企业的技术水平大大提高，也使产学研的结合更为紧密、有效。

一般来说，在进行技术并购前，可先将研发工作交由中小科技创新公司来完成，然后再把这些公司收购。先进行技术联盟，然后实施技术并购，先风险投资，再选择目标公司，既降低了自行开发的风险，又降低了单纯技术购买的风险。

以企业为主体的技术创新体系和企业主导型产学研结合机制是深化我国科研体制改革、构建国家创新体系的战略重点，是我国企业在严峻的国际竞

争和未来发展中应对挑战和危机的主要举措。

企业主导型校企合作创新模式无疑有益于形成以企业为创新的主体，以市场为导向，引导企业进行广泛的校企合作，发挥各自优势和资源集成，完善创新产业化链条，以最快速度实现技术突破和产业化。

二、高校主导型合作模式

高校凭借其技术和人才优势进行技术创新，成果成熟后以技术转让、专利出售等形式向需要该技术的企业特别是中小企业提供，实现技术从成果向市场和效益的转化。在该模式下，高校处于主导地位，决定研发内容和合作对象，并独立承担研发风险。

（一）高校主导型校企合作模式的内涵与特征

高校主导型校企合作模式就是高校居主导地位的校企合作，其实质内涵在于，高校凭借其知识、技术和人才的优势，联合科研机构，为企业提供核心技术，并以技术转让、专利出售以及建立高新技术创业基地、孵化器、大学科技园等形式实现技术的产业化，更好地实现技术创新的社会价值。在该模式下，高校在推动创新过程以及处理与其他合作主体间关系时处于主导地位，研发创新的内容与目标、合作创新的方式、创新收益的分配、创新风险与责任的承担等关键任务均由高校主导。需要指出，在这种模式下，高校处于主导地位，与企业的技术创新主体地位并不冲突，因为高校在主导各种决策时必须充分考虑企业的需求和利益，合作创新的根本目标是形成高质量创新成果以解决企业的技术难题，或者通过满足企业的技术需求而实现科技成果向现实生产力的转化。

高校主导型模式是从整个产学研的发展阶段来确定的新的合作创新思路，它不仅仅是一种合作创新模式的选择，更是一种合作创新指导思想的变革和观念的更新。与其他校企合作模式相比，高校主导型校企合作模式具有如下几方面典型优势与特征。

（1）能形成强劲的科技创新和产业研发实力。校企合作的首要目标是解决产业的重大技术需求问题，这就要求部分合作创新主体必须具有较强的科技创新能力，而高校尤其是研究型高校能较好地满足这一要求。高校是各种学术资源的聚集地，掌握着学术前沿知识，可以依托高素质的人才和高水平的实验平台从事各种新技术、新成果的研究与开发。同时，众多高校之间具有密切的学术联系和频繁的人才交流，这有利于高校之间进行创新资源共享，集成优势资源开展合作创新。在高校主导的校企合作框架下，研究型高校与企业沿着从基础研究到技术研发再到产品开发的整个创新链条深度融合，与协同创新的宗旨完全契合。特别是一些具有行业特色的研究型高校，可以依托所拥有的专业特色鲜明的关键实验设备和重大创新平台，面向特定产业链条的关键环节与核心技术，开展多层次的校企合作研发。而且相对于行业性研究机构和企业研发机构而言，此类高校在学科广度和深度以及人才积累方面的优势，使其能够具有更加强大的研发实力，而高校的公益属性使其能够淡化对于短期经济利益的追求，从而强化围绕关键核心技术开展合作研发的意愿。

（2）可促进产学研人才高频互动。校企合作的关键在于人才的合作与共享，而高校既是人才的集聚高地，又是人才的培养和输出重地，因而，在高校主导的校企合作中，人才的良性互动与精诚合作更容易实现。首先，高校能够为各类创新活动提供智力支持和人才支撑；其次，人才培养是高校的基本使命，每年输出大量毕业生，特别是其核心优势专业的毕业生大多流向特定产业，而与其有密切合作关系的企业和研究机构又往往是毕业生就业的主要去向，从而为长期的校企合作奠定了重要的人才基础和人际关系基础；再次，高校是一种包容性和延展性极强的组织平台，既可以吸引来自企业和科研机构的优秀人才到学校深造、访学、工作，也可以搭建多种活动平台，促进不同领域人才之间的交流合作；最后，高校本身还承载特定群体的情感认同，在校友这种联系框架下，人才之间的交流合作更容易展开，而且这种联系效应还会持续不断地扩张下去。

（3）有利于强化高校对企业的支持作用。校企合作的重要目的之一就是发挥高校和科研机构的人才和技术优势帮助企业更好地创新发展。在高校主导型校企合作模式下，高校对创新的目标方向、资源配置和收益分配起主导作用，能够更好地了解企业需求，从而为企业提供更多更好的支持。一是助力企业科学决策。在高校主导的校企合作中，高校对于未来的目标前景和现实的技术条件有着更为精准的把握，可以依托自身在知识、科技、人才、信息等方面的综合性优势，帮助企业围绕战略转型、产品升级、技术研发等重

大决策组织专家论证，提高决策的科学性。二是推动企业技术创新。在高校主导的校企合作中，高校会更加主动地向企业输出知识和技术成果，并且帮助企业解决人才和技术瓶颈，使企业更好地享受高校和科研单位的知识与技术溢出效应，从而不断提升企业的技术创新能力与效率；而且高校还可以依靠自身的技术研发实力，与企业合作开展重大技术攻关，并结成战略联盟，长期为企业提供个性化、集成化的技术研发服务。三是充当企业的“人才储备中心”和“技术支持中心”。人才培养和科学研究是高校的两大基本职能，在高校主导的校企合作中，参与其中的企业能够更好地获得来自高校的人才和技术支持。一方面，高校可以根据市场需求优化课程设置，不断培养高素质的创新型人才，而且也可以帮助企业培训技术与管理人才，从而成为企业的“人才储备中心”；另一方面，高校也会开展大量面向市场的技术研发活动，不断形成众多科技创新成果，特别是在国家大力扶持科技成果转化的政策背景下，企业能够便捷地从高校获取自身所需要的科技创新成果，并且处于同一产学研平台中的企业还会有一定的优先权，由此，高校也就成为企业的“技术支持中心”。

（二）新常态下高校主导型校企合作模式创新的动因

当前我国经济已进入新常态，经济发展的内在支撑条件和外部需求环境都已发生了深刻变化。新常态下，经济增长速度由高速向中高速转换，产业结构由中低端向中高端转换，增长动力由要素驱动向创新驱动转换，资源配置方式由市场起基础性作用向起决定性作用转换，经济福祉由非均衡型向包容共享型转换。而适应和引领新常态的根本出路就是依靠综合自主创新走创新驱动发展道路，因而对促进科技创新的重要组织模式——校企合作提出新的更高的要求。从新常态对于校企合作的新要求来看，高校主导型校企合作模式在实践中也暴露了一些新的问题，而这些新要求和新问题也构成了对高校主导型校企合作模式进行创新的综合动因。

1. 由于价值评价不合理导致的合作动力不足问题

在现行的高校主导型校企合作中，相当多的高校对科研成果的价值评价不合理，导致相关部门和科研人员与企业进行产学合作的动力不足。高校追求的是学术价值，在研究与开发方面的明显倾向是重基础研究、轻应用开发，把科技成果的社会效益看得比经济效益更重要。高校教师工作考核的指标侧重于承担基础性科研项目的数量、发表学术论文和出版著作的数量、理论成果的获奖档次与数量等，这直接导致高校教师更注重围绕着上述指标来开展科研活动。由于缺乏对研究成果转化为生产力的程度以及对地方经济社会发展的带动作用的评估考核，导致高校教师和科研人员参与校企合作的动力严重不足。为了有效解决这一问题，必须对高校主导型校企合作的体系架构和运行机制进行创新。

2. 由于企业不愿承担合作风险导致的合作意愿不强问题

在高校主导型校企合作中，相当多的企业不愿承担合作开发的风险，因而与高校进行校企合作的意愿不强。作为企业，在合作研发中关注的焦点在于科研成果能否带来良好的经济效益，相当多的企业都热衷于较为成熟、立刻能实现产业化的研发项目，认为与高校进行长期的校企合作投入大、风险高、回报慢，明显属于得不偿失的投资。造成这种情况的主要原因有三个：一是由于知识产权保护不到位，合作创新的成果很容易被模仿，使企业难以靠合作创新的成果享受到丰厚的回报，导致校企合作创新的投资与收益不相匹配；二是进行校企合作的高校与企业之间科研水平和技术研发实力的落差过大，企业往往希望高校提供的科技成果能直接变成产品，而没有意愿也没有能力自己承担一部分研发任务，这就使技术转化合作的成本大大增加；三是企业希望在短期内看到校企合作的实际成效，但由于科研工作的不可预见性，高校经常不能在短期内满足企业的这一要求，因此就会导致企业在短时间合作不见效后不愿意再继续合作。因此，为了调动企业参与的积极性，必须对高校主导型校企合作模式进行创新。

3. 由于缺乏有效载体导致的合作效果不佳问题

合作创新的载体在促进高校与企业开展产学研合作方面具有重要作用。美国、德国等发达国家都注重通过构建产学研合作载体来推动高校与企业合作创新，政府对于研究型大学与新办企业、高新技术企业合作设立的研发创新载体给予较大力度的财政资助和政策扶持，引导其围绕行业共性技术和关键技术开展联合研究。这些国家的高校与企业之间的合作载体根据企业的需要不同，主要可分为两种：一是高校针对企业的某些重大技术问题，与企业合作建立研发中心；二是高校围绕企业全方位的技术需求，与企业成立联合研究中心。前者合作形式松散单一，虽然能够在短期内快速取得实际性成果，

但质量、数量以及影响力都很有限；后者合作形式多样，合作内容涉及技术研发、产品升级、管理咨询、人才培养等多个领域，并且注重长期的战略合作，虽然回报周期长，但是总体效果较好，既有助于合作企业的发展，也会对整个产业产生比较明显的促进作用。在我国高校主导型校企合作中，高校与企业之间还较缺乏有效的合作载体，因而影响了校企合作的效果。因此，为了解决由于缺乏有效载体导致的合作效果不佳问题，必须对高校主导型校企合作模式进行创新。

4. 由于合作层次不深导致的合作功能不良问题

当前，在高校主导型校企合作中，高校与企业共建研究开发机构、实验室、研发基地、战略联盟等形式的全方位、高层次的合作还较少，明显缺乏围绕重大产业技术的合作创新内容，也缺乏中长期的合作创新目标。一方面，高校的许多科研人员在与企业进行产学研合作时，缺乏长期合作打算，更多的只是想把现有的技术转移给企业；另一方面，与高校合作的大多数企业技术和资金实力有限，在选择合作项目过程中，既缺乏应有的气魄，也缺乏长远规划，大多数企业希望做一些短、平、快的项目。因此，从高校与企业已经进行的合作来看，主要是局限在“点对点”的项目合作上，围绕产业创新链条进行的战略性合作开发较少，双方所进行的大部分产学研合作主要是以技术转让、委托开发等为主的较低层次的合作，合作的时间短，多以临时组合争取项目或解决单一性的技术问题为目标，所以总体的产学研合作层次明显较低。这容易导致校企合作平台本身的联合性和系统性较差，也导致各个合作主体无法切实融合在一起，无法将校企合作的作用真正发挥出来。因此，校企之间缺乏深层次合作影响了校企合作平台的功能发挥，必须对高校主导型校企合作模式进行创新。

（三）新常态下高校主导型校企合作模式创新的取向与路径

1. 新常态下高校主导型校企合作模式创新的目标取向

从当今世界科技创新发展的现实状况和未来趋势来看，强化市场发现功能和创造新的产业增长点已成为校企合作平台的主流趋势，我国高校主导型校企合作模式创新也要紧紧跟上这种潮流，朝着市场化和产业化的方向演进，这也构成了我国高校主导型校企合作模式创新的基本目标取向。

(1) 强化市场发现功能。校企合作要充分发挥市场机制的决定性作用，主要依靠市场的作用来发现和培育新的合作创新领域，依靠以市场需求为导向的创新源源不断地催生各种新技术、新产品、新产业。各种模式的校企合作都要能够创造更好的市场竞争环境，在市场需求导向下实现高校、科研机构、企业在专业优势和资源优势上的协同化与集成化，强化技术创新上、中、下游的有机对接与良性耦合。

(2) 推动产业化创新。校企合作创新要围绕产业链来部署创新链，产学研活动要落实到创造新的产业增长点上，把创新成果变成实实在在的产业经济活动。推行的校企合作模式要能最有效地推进科技和经济紧密结合，推动产学研深度融合，强化科技同经济对接、创新成果同产业对接、创新项目同现实生产力对接、研发人员创新活动同其利益收入对接，形成有利于推出创新成果、有利于创新成果产业化的新机制，从而引导企业和产业向价值链、产业链的中高端攀升。

2. 新常态下高校主导型校企合作模式创新的路径选择

(1) 健全运行机制，增强校企合作各方的参与积极性。校企合作要靠合作各方共同推进，只有合作各方各尽其力，才能保证产学研协同创新的顺利、健康、持续发展。在高校主导型校企合作中，一方面要充分突出高校的主导地位，使高校积极利用自身的资源优势和条件，主动在校企合作中发挥主导作用，积极寻找合作伙伴，将先进的、成熟的科研成果推向企业，实现科研成果的产业化；另一方面要强化企业在产学研协同创新中的主体地位，使企业积极主动地深化与高校的合作，并通过自身的努力将科研成果转化为现实生产力，为市场提供新产品、新服务，进而也为企业带来利润。

为了有效增强校企合作各方的积极性，最重要的是要健全校企合作的运行机制。一是建立公平合理的利益分配机制。一方面，应明确界定合作各方的权利和义务、责任和风险，并在此基础上，运用纳什谈判等科学的利益分配方法，通过平等协商，明确合作各方在经济利益分配方面的额度或比例；另一方面，应根据共享原则和未来收益最大化原则对合作过程中形成的知识产权的所有权和使用权做出合理界定，并事先约定补偿机制，保障各方的知识产权利益。二是建立信息共享机制和风险共担机制。在校企合作中，合作各方的信息沟通与风险分担十分重要，只有让高校和企业共享信息和共担风险才能破除校企合作中的信息壁垒和沟通障碍。在信息时代，信息代表着机

会和资源，有时甚至关系着生存与发展，所以在校企合作过程中，要鼓励高校和企业积极构建信息共享平台，快速地获得自身所需要的信息，并及时有效地进行信息交流与共享，从而提高合作创新的积极性与效率。三是建立风险共担机制。必须在合作创新系统中建立风险共担机制来降低道德风险和投机行为的发生概率，从而使高校和企业不至于由于担心自己要承担过大的风险而缺乏合作创新的积极性。

（2）提升高校实力，强化高校对校企合作的源头支撑作用。高校要在校企合作中真正发挥主导作用，必须不断提升自身综合实力，不断贡献量多质优的理论知识和科技创新成果，强化对于校企合作的源头支撑作用。特别是研究型高校应当结合自身在原始创新和创新平台建设等方面的优势，坚持“顶天”“立地”的发展思路：一方面，要紧扣国家发展的重大战略需求，紧盯科技发展前沿动态，聚焦经济发展实践中的热点问题，加强“高大上”的理论创新与技术创新，争取在关系国计民生的重大科技前沿领域和核心关键技术方面形成具有自主知识产权的创新成果；另一方面，要密切关注产业发展与市场需求，瞄准企业创新发展的突出问题与现实需求，开展“接地气”的研发与创新，积极为企业的技术创新提供服务支撑，加快科技创新成果的转化应用。

（3）优化制度环境，完善校企合作的载体建设和人才支撑。为了深化高校主导型校企合作，形成稳定的产学研联盟，高校迫切需要与企业建设多元化的合作载体。一是制订合理的校企合作计划，在合作各方之间建立“共同利益区”，推动各方积极开展校企合作载体建设。在校企合作载体建设过程中，企业主要关注创新成果的市场份额和利润率以及回报周期，而高校和科研院所则更关注创新成果的领先水平和人才队伍的培养，因此，必须找准各方利益的交汇点，事先以契约形式明确各方的权、责、利，尽量减少可能的纠纷。政府在制定政策时，要在满足社会公共利益的前提下，尽量呼应各方的利益，以充分激发各方的合作热情。二是完善以财政投入为先导、高校和企业投入为主体的多渠道、多层次的投入体系，保障校企产学研合作载体建设的资金需求。持续扩大财政投入规模，提高财政资金的使用效率，壮大各类风险投资基金，引导民间资本参与，为建设合作研发中心、协同创新实验室、科技创业园等产学研合作载体提供充足的资金支持。

人才是校企合作的生命线，要进一步优化高校主导型校企合作模式，必

须从人才入手，提高人才培养质量、拓宽人才引进渠道，为校企合作提供坚实的人才支撑。一是倡导高校依托合作企业建立多层次、多类型的实习基地，实行“教学—科研—生产实践”一体化的教育培养模式，提升学生的综合创新能力，实现人才培养与企业需求的无缝对接。二是以校企合作为纽带探索多样化的人才引进方式，既可以实行“实引进”“软引进”“虚拟引进”，也可以实行项目性引进、团队整体性引进、科研机构整建制引进，进而在政府相关配套政策的支持下，全面提升人才引进工作的成效，强化对校企合作的人才支撑。

三、共同主导型合作模式

在该模式下，校企合作双方处于平等的地位，没有绝对的主导者。它们以利益为纽带，以契约为依据，发挥各自在资金、设备、技术、人才和市场方面的优势，共同促进技术创新，共同推进市场开发，风险共担，利益共享。

校企合作是一种校企双向主动参与的行为，不仅是一种职业教育人才培养模式，也是一种有利于企业长远发展的生存发展模式。在全球化趋势下的今天，谋求深度校企合作、校企联合主导型合作办学已经成为企业和学校的共同选择。

（一）共同主导型校企合作的涵义

共同主导型校企合作是指学校与企业主动积极参与办学全过程，将二者的资源协调融合，实现真正意义上的优势互补、互利共赢。这种合作渗透到办学的各个环节和各项内容，充分发挥了学校和企业各自的优势，并通过深度融合实现提升办学效益。有学者将这种合作称为“深层合作”，并指出其内涵特征是学校学训“企业化”、企业学训“教学化”、校企合作评价“多元化”。

共同主导型校企合作的特点在于，企业与学校的合作是全方位的合作，相互渗透，融为一体。

在共同主导型校企合作的教育过程中，培养目标、教学内容的制订由行业、企业和学校共同参与，根据市场需求和教育规律来确定；教学过程的实施与考核是由学校和企业分工合作并相互衔接、有机结合；教学质量

评价由企业、学校以及学生等多个主体进行评价，达到内外一致、全面质量控制。

（二）共同主导型校企合作是现代职业教育发展的必然选择

1. 共同主导型校企合作使双方实现了互补与统一

一方面，企业在校企共同体中处于主导地位，确定培养目标以行业和企业需要为核心，调整课程体系以职业技能为主线，培养专业技能以在校内外实训基地为主体，职业岗位的定向、能力及其标准的确定，取决于行业、企业的市场战略需求；另一方面，学校在校企共同体中处于主导地位，培养目标的确定、课程体系的调整、专业技能的培养以及职业岗位定向、能力及其标准的最终实现必须取决于学校积极主导作用的发挥。学校的出发点和最终归宿都是为行业、企业培养合格有用的高端技能型人才。因此。学校的主导必须服从于行业、企业的需求与发展，企业主导是引导学校的主导，学校主导是服务于企业的主导，二者互补统一，不可分割。

2. 校企共同主导合作办学是市场经济发展和职业教育特质使然

一方面，在市场经济和市场机制充分发展与完善的情况下，建立以市场为导向，以企业为主导的校企共同合作模式和运行机制已经成为市场经济发展的必然要求。因为企业在市场竞争中追求经济利益最大化的同时，比学校更具备了解市场、贴近市场需求的优势，能准确把握市场需求的发展方向，从而提高校企合作的效益和效率。

另一方面，职业教育与行业企业有着天然、紧密的联系。在共同主导型校企合作中，作为“主导”的另一方——学校能够利用教育资源、人力资源等优势为企业可持续发展提供智力支持，为企业发展培养合格人才。

3. 共同主导型校企合作是推动高职教育发展的必然要求

从教育的目的和功能看，我国高职教育校企合作应走“服务企业、推动企业、引领企业”的发展之路，目前第一项目的和功能已基本达到。但由于我国高职教育起步较晚、基础薄弱、政策缺失、校企双方定位难等原因，后两项的目的和功能还远没有达到。校企共同主导合作办学是一种深层次、紧密型、创新思维发展的合作模式，也是一种体制和机制创新的发展模式，它将成为推动和引领我国高职教育发展的必然要求。

（三）共同主导型校企合作是现代职业教育发展的优势选择

共同主导型校企合作对于培养高素质技能型人才具有得天独厚的优势，主要体现在以下三点。

1. 理论知识与实践能力紧密联系

在共同主导型校企合作中，理论知识和实践能力是作为一个完整的体系紧密联系起来的。一方面，在实际教学过程中，由于师资、设备等资源的有效结合，学校的理论教学会联系企业的真实项目和实际操作，企业的实习实训也会结合理论知识，让学生在学习中真正实现“学做合一”；另一方面，在培养目标的确定、课程体系的开发、专业技能的培养以及教学质量的评价等方面，企业将充分考虑自身的需求与发展以及市场、行业的需要，保证学生的理论知识水平和实践能力的有效衔接。

2. 职业精神与职业技能相互融合

思想是行动的先导，生产劳动中不仅需要技能，更需要精神的支撑。职业精神是现代职业人必须具备的基本素质。培养学生职业精神的最好方式就是让学生在真实的职业环境中体会职业道德情感。在真实的职业环境中学生可以感受企业文化、人际关系、职业精神，学会沟通和交往，获得隐性的职业经验，而这是学校教育难以做到的。共同主导型校企合作其优势在于，学校和企业双方培养目标是一致的，在各个环节或各项内容上都能充分发挥双方的优势与特长，相辅相成，避免了职业技能与职业精神相脱离。

3. 专业定向性与非定向性相结合

职业教育的核心是为社会培养高素质技能型人才。这种人才应具备的职业能力不仅包括专业操作技能，还包括任何行业都须具备的基本能力（知识、技能、经验、职业道德和精神、价值观等综合素质）。在共同主导型校企合作中，学校和企业共同作为办学的主体，都会充分考虑自身的利益，无形中各自都发挥了不同的积极能动作用。企业由于考虑人才适应岗位的问题，可能会更多地考虑专业性培养和岗位定向培养；而学校作为培养人才的专门机构，有育人的基本责任，对于学生的世界观、人生观、价值观、思维方式、个性形式、知识结构等非定向素质都具有直接影响，能更好地将专业定向性和非定向性相结合。

以上分析结果表明：现代职业教育校企合作要完成自己的使命，需要体

现国家意志，通过政府主导、行业协会指导、学校和企业真正参与，并作为共同的主体来办学，才可能实现。共同主导型校企合作是现代职业教育发展的必然归宿。

第三节　基于不同合作方式的模式分类

根据合作方式的不同，校企合作的模式可分为技术转让模式、合作开发模式和共建实体模式三种。

一、技术转让模式

技术转让模式是由高校将科技成果通过技术交易的形式卖给企业，企业根据自己的实际情况选择合适的成果，实现其转化。技术转让模式的特如下。

（1）高校、企业按不同开发阶段依时间序列先后进入开发过程，这种模式属接力式开发、技术驱动型，高校做前期投入，完成了技术原理的可靠性，企业接过来进行中试、工业化生产及市场开发。这种转让有些属于创新过程，更多的属于技术扩散，能够使科技成果应用面迅速铺开，产生规模经济效益。

（2）对高校不需要投入较多的人力、物力、财力，没有较大的风险，但获得的经济收益相对较低。从综合比较的角度而言，对于多数持风险规避态度的高校而言，直接的技术成果转化是一种最好的选择。而对于企业来说，需要做大量的二次开发工作，投入大，难度大，风险大，成果转化率低，但一经成功，获得的经济效益也相对较高。

一方面，这种合作模式比较适用于中小企业，有利于促进企业技术引进，加快技术进步，有利于企业在短期内形成自己的产品，提高生产能力。但在合作过程中，项目的选择关系到合作的顺利与否，被转让成果的技术成熟度、技术开发风险等直接关系到企业进一步的生产和经营，企业所冒风险较大。另一方面，技术转让模式加速了高校技术成果的转化，较好地保持了高校的独立性，但对高校的技术进步提高不快，因为高校在技术开发过程中，缺乏进行技术市场调查和预测的综合能力，技术的先进性、实用性、可靠性有待检验。

二、合作开发模式

合作开发模式即企业投入人力、资金，由企业根据生产和市场需求提出技术合作要求，或由高校根据所掌握的技术将其推向生产，合作双方共同参与，共同进入整个或某一区段的开发过程，属并行式开发，市场驱动与技术驱动兼有。这种组织形式较好地体现了优势互补效应，结合度较高，风险较小。关于高校与企业合作技术创新的大量实证分析研究显示：合作研究是最受企业欢迎的方式，因为企业通过合作研究可以最大限度地进行技术信息交流，有效监督研究的质量。合作开发模式的特点如下。

（1）合作开发的项目均是企业生产过程中面临的并需要尽快解决的技术难题，或是企业认为有市场潜力的新产品，多数是企业同行竞争中提出的问题，目标高，时间紧，对技术开发周期有明确要求，技术开发难度大。

（2）由于企业参与科研开发，介入技术创新项目程度较深，项目的风险性减弱，同时高校对项目的后期生产经营参与程度加强，提高了项目的成功性。

三、共建实体模式

共建实体模式是指企业、高校围绕共同目标将各自的部分人力、物力、财力集中起来统筹规划，统一管理，统一使用，在创造财富共同分享的基础上组建起来的实体性合作创新组织形式。共建实体是高级、紧密的校企合作形式，也是卓有成效、成熟和最终希望建立的合作方式。企业与高校组建的不同形式的联合实体具体的表现形式有建立高校与企业合作委员会、共建技术开发联合体、共建工程研究中心等。共建实体模式的特点如下。

（1）可以建立长期合作关系。

（2）共建实体各方有共同发展目标和利益趋向。

（3）合作各方技术、条件上相互依赖与互补。

（4）有比较合理的管理体制与运行模式。

(5) 合作各方责、权、利关系明确。

这种模式适合于合作对象之间有较大技术差距的情况，能体现出最大限度的优势互补。企业与高校各方基于长远发展目的，通过联合组建开发机构、研究开发中心、中试基地，针对较为复杂的技术进行长期开发工作，其目标是使企业在技术上保证在同行业中的竞争优势，并源源不断地为企业开发出新产品。这种模式的合作对象在各自的领域均有较强的技术优势，并各有所长，优势互补，强强合作。

第三章　高职院校校企合作的理论探索

企业作为职业教育校企合作办学的重要利益主体，参与并承担职业教育社会职责既是职业教育本质属性的回归，同时也是企业保持强劲可持续发展的动力支撑。近些年，针对当前经济层面企业参与职业教育动力持续性不足、制度层面企业参与职业教育保障不够，道德层面企业缺乏履行社会责任意识的失衡现象，国家层面出台了系列的政策文件，旨在落实企业参与职业教育主体地位、责任和权力。那么，如何激发企业参与职业教育办学活力，企业在参与职业教育过程中应当具体履行什么责任，如何调节并规范企业参与职业教育行为，成为我们研究职业教育校企合作的重要内容。

第一节　校企合作主体的利益基础

十多年来，我国职业教育发生了巨大的变化。职业教育校企合作办学模式也在改革调整中不断发展，探索并积累了丰富的经验。本节试图对职业教育校企合作双方的责权关系演变做一归纳和梳理，并从合作主体的责、权、利关系方面，对校企合作的建构条件进行剖析。

一、企业与职业院校的责权利关系演变

随着职业教育的发展和社会经济环境的变化，校企合作中企业与职业院校的责权利关系逐步演变，并呈现出较为明显的阶段特征。本研究将职业教育校企合作双方的责权利关系演变划分为三个阶段：计划经济体制下的行政干预、转型时期与所属企业的关系逐渐弱化以及市场经济体制下的产教深度

融合。在不同的时代背景下，企业与职业院校在合作中的责权利关系也由企业主导、责权明晰逐步过渡到企业配合、依存关系逐渐弱化。发展至今，企业开始重新发挥职业教育办学主体的作用，双方在对等的基础上责任共担、利益共享。

（一）计划经济体制下的行政干预

从新中国成立初期到20世纪80年代中期，是我国的社会主义计划经济时期，职业教育校企合作也有了初步的发展。计划经济体制下，国家对企业举办职业教育高度重视并施予行政命令，职业教育的发展应计划经济需要而生，为企业服务。在此时期举办职业教育是企业的重要社会责任之一，企业代表国家承担了职业教育职能，在举办职业教育过程中占主导地位。职业院校是“附属”于行业企业而存在的，即一种在政府干预下通过行政命令手段形成的相互依存的一体化关系。企业统一执行国家下达的计划指令，财产权和产品全归国家所有，企业没有经营自主权，因此，企业只需完成计划内的任务，无须考虑利益收益；对职业院校来讲，这一时期国家对学校的结构、类型设置、教学计划内容，乃至招生计划和学生毕业分配都统包统管，因此，企业参与职业教育就完全没有了后顾之忧。此时的校企合作是在充分体现企业利益诉求基础上进行的，从招生到就业，人才培养的全过程与企业紧密相连。如学校的人才招录指标、对象、专业设置等因行业企业需要而定；专业教学内容尽量体现行业企业新工艺、新技术；专业课的兼职教师由行业主管部门选派。在实习就业方面，政府部门对毕业生实习统一分配，在某种程度上统一招生与分配制度保障了企业办学的利益和积极性。

这一时期职业院校与企业分别由教育部门与业务部门统一领导与管理。清晰的职责分工避免了教育部门与业务部门在职业教育办学中的责权混淆，保障了业务部门与教育部门、行业企业与职业院校间的合作效率。因而此时校企两者之间的合作是分工明确、职责清晰的。但这一时期的合作不是利益主体之间的合作，几乎不存在利益冲突，不能完全按照市场需要来合作，只能根据国家调配计划来合作。这种在中央各业务部门统一领导和管理下、没有利益冲突的校企合作，确实保证了校企之间的合作协调融洽，在我国职业教育发展中起到了非常重要的作用，也提供了可以学习借鉴的历史经验。

（二）转型时期与所属企业的关系逐渐弱化

20 世纪 80 年代中期至 90 年代末，是我国从社会主义计划经济向市场经济的过渡时期。在经济体制转型时期，职业教育得以快速发展，而追求利益最大化成为企业经营的重要目标。我国社会主义计划经济体制向市场经济体制的转型时期，企业的市场化使得政府对企业的计划调控力度逐渐弱化，计划式的校企合作方式已不适应发展要求，慢慢由以市场需求为导向的校企合作模式所代替。企业与职业院校的依存关系逐渐弱化，基本成为企业配合的单向性浅层次合作。随着计划式的校企合作机制逐渐消失，校企合作的紧密关系也逐渐弱化。一些国有企业在转型初期效益不稳定、经营不适应，也难以保证企业举办职业教育的社会责任意识。同时，有关校企合作的法律、法规尚未建立，尽管在大力发展职业教育的背景下，教育主管部门出台了一系列导向性文件，认识到校企合作在保障职业教育质量并形成自身特色中的重要作用和地位，但在立法方面对校企合作责权分配仍然缺乏规范性。1996 年国家颁布《中华人民共和国职业教育法》，对企业参与职业教育的职责和行为有所要求，但相关条款并不具备强制性和约束性，又无激励政策的保障，致使职业院校与所属企业的关系逐渐疏远。与此同时，我国对技术要求不高的企业经营模式，使得企业从大规模的农民工劳动力市场就能找到所需的劳动力；加之国有企业减员增效，职业院校培养的毕业生很难就业，因此，此时的企业对高技能人才的利益需求也不高，校企双方难以找到利益的结合点，合作关系日益松散。

（三）市场经济体制下的产教深度融合

进入 21 世纪，我国社会主义市场经济框架逐步确立。此时职业教育在促进国民经济发展中的推动作用日益明显，政府对职业教育的重视力度不断加大。但为了适应经济体制和结构的转型，职业教育必须对原有的运行机制进行深化改革。经历了由规模扩张到内涵建设时期，至此，职业教育取得了巨大的发展成果，职业院校开始探索与实践新型校企合作，一些创新成果不断出现，校企合作逐渐走向以市场机制为基础的合作，在政府的宏观调控下，本着自愿互利、风险共担、利益共享的原则进行广泛的合作。但在粗放型的经济增长方式下，这一时期的企业与职业院校的合作大多集中在一些浅层次的范围，如订单培养、学生顶岗实习等，学生往往被当作廉价劳动力使用，在职业技术能力的培养方面，双方的育人责任难以实现。

随着走新型工业化发展道路的经济发展方式的转变，对人才的知识、技术、技能和创新能力等提出了更高要求。2005 年国务院出台《关于大力发展职业教育的决定》（国发〔2005〕35 号），要求大力推行工学结合、校企合作的培养模式，推动职业院校与企业的密切结合，强调企业有责任接受职业院校的学生实习和教师实践。在这一时期，企业迫切需要大量熟悉新技术、操作新设备的应用型人才。在国家政策引导下，越来越多的企业开始关注与职业院校的合作，提前介入学生培养的全过程中，校企合作逐渐深化。一些职业院校也逐渐认识到重新定位与企业关系的重要性，充分发挥自身优势，开始寻找新的校企合作利益结合点，从单纯的学校或学生获益，向校企双赢转变。此时由企业主导的校企合作已转变为院校主导的校企合作，二者在合作利益认知上存在差距，双方利益期待难以满足。

现如今，在“新技术、新产业、新业态、新模式”背景下，我国职业教育校企合作在不断反思和创新中逐步走向融合。加快推进现代职业教育发展，“产教融合”“校企合作”将成为助力产业结构调整的重要保障，促进了我国经济转型发展。推进“产教融合”“校企合作”的思路应当是企业积极发挥职业教育重要办学主体作用，与学校建立更加紧密的合作关系，企业在多年的合作过程中感受到职业院校在培养高技能人才、应用研究等方面的优势，参与校企合作的积极性逐步提高。与以往都不同的是，在这一阶段，双方在校企合作中的责权关系应当是平等互利的，而不是附属或主导性关系。职业院校与企业应共同承担培养高技能人才的责任，因而双方要在利益双赢的基础上创新合作模式和运行机制，以保证合作过程中双方各自应承担的责任以及相应的权利。

二、校企合作的建构条件

校企合作是企业和学校两个不同利益主体之间的合作，合作中必然存在双方责、权、利的协调与配置问题。本节通过对校企合作中双方责、权、利关系的分析，归纳出合作建构的三个条件。

（一）共同利益诉求是建构的驱动力

驱动力是指驱使职业院校和企业合作的根本力量。职业院校与企业是校企合作的两个直接主体，职业院校追求社会效益的最大化，以获得更多教学资源、提高人才培养质量、获取科技创新所需要的企业资源为目的，属于近期利益和长远利益的结合；而企业主要是营利性组织，实现经济效益的最大化是企业参与校企合作重要的动力之一，以从合作院校中获得高素质技术技能人才和高质量的技术服务为目的，属于长远利益。虽然双方各自追求的目标不相同，但职业院校和企业在近期利益和长远利益上有着共同的利益基础，校企双方在资源上能够取长补短，在利益上能够共赢共享。合作双方各自的利益也通过各种不同形式的调整而得到综合表现，从而凸显了校企合作能得到的收益。

职业院校通过校企合作实现利用企业信息优势和人才质量标准，调整专业设置、人才培养目标和规格要求；获得经费、设备支持，共建共享实训基地；企业提供就业机会；积极科研合作意愿，共建研发中心，共享科研合作成果；实现教师下企业培训等。企业可以通过合作实现获得生产一线的技能型人才；获得学校的技术支持、新产品研发协助，良好的社会声誉；企业员工在职培训的机会；获得决策建议与管理建议等。这些利益固着点会促使高职院校和企业的合作走向深入并持续发展。因此，以共同利益诉求来驱动利益主体双方，调动企业和职业院校合作的积极性。只有校企双方的需求都能得到一定程度的满足，双方的合作才能得以延续和发展。

（二）共同承担责任是建构的先决条件

校企合作应当是以校企双方利益为基础的利益共享、责任共担的利益共同体。可以说，获取利益是企业承担职业教育责任的必要条件，而共同承担责任则是双方合作的先决条件。

企业在享受社会赋予的财产、生产经营、法律保护等权利的同时，还必须要承担社会责任，尽社会义务。企业的教育责任，作为企业社会责任的一部分，应当指向的是企业的职业教育责任。因为企业的教育活动基本上都指向职业活动，具有很强的职业导向性。企业的教育责任即协助职业院校共同完成人才培养任务，指企业参与职业院校教育教学过程的各个方面，包括与学校共同培养高质量的技术人才、参与学校的招生、教学专业的设置、课程内容的制订、教育教学的实施以及学生的考核评价等环节，并在合作中有意识地对风险进行规避，以保障自身及学校权益等。

从校企主体在合作中的关系演变来看，学校自身难以完成职业教育任务，需要企业承担部分责任，以弥补学校职业教育的不足。那么，企业应该承担多少责任、可以承担哪些责任、以什么形式承担责任，就成为亟须解决的问题。

（三）共同享有权利是建构的必要保障

权利分配是校企合作主体的关键问题。之所以强调企业具有职业教育权利，是为了保护企业或职业院校某种正当利益。在校企合作的过程中，双方都承担了不同程度的责任，这种权利的获取是对承担的职业教育责任的有效补偿。企业与职业院校在合作中享有平等的权利和地位。企业的职业教育权利应主要围绕人才培养过程而言。根据人才培养的顺序可以将企业的职业教育权利归结为知情权、行动权和决定权。知情权，指企业具有了解学校的基本信息以及人才培养规划、招生等信息的权利；行动权，指企业有共同参与人才培养全过程的权利，如教学计划制订、课程开发、教材编写和考核评价等；决定权，指企业在承担责任的前提下为了保证自身的正当利益而准予活动实施或不能实施的权利。

知情权、行动权和决定权构成企业职业教育权利的基本形态。但并不是说提到教育利益就必然包括这三种权利，在通常情况下，它往往只突出地表现为其中一种权利或是以三种权利混合的方式呈现出来。在当前校企合作中，企业所获得的权利还很有限，与承担的职业教育责任相比，企业缺乏相应的权利赋予。

第二节　校企合作主体的权责配置

一、校企合作中资源共享的理论透视

“工学结合、校企合作”一直以来被视为我国现代职业教育的发展模式和

职业院校的人才培养模式，成为职业教育区别于普通教育的重要特征。校企合作是职业教育“跨界属性”的现实要求，校企分属于不同性质的社会主体，在各自追求效益的框架下又存在共生式依赖关系。这种关系形成的前提是关键资源的稀缺性和不可替代性，建立的基础是资源的互补性，并通过合作获得自身不具备的资源；基本特征是资源交换、优势互补、责任分担、共同管理、相互配合、互利共赢。充分认识这种资源共享关系的生成境域，并从社会伙伴关系视角分析合作形态以及共享机制特征，促进校企的资源共享关系走向规范化与长效化。

（一）校企资源共享形态

校企合作的本质是学校和企业两种不同的组织在合作过程中基于不同的利益追求和价值目标来谋求共同发展的一种经济活动或教育活动。学校与企业进行合作，提供的资源是互补性的，不存在竞争的矛盾。从资源的角度看，校企合作的主要原因是获得互补性资源，而不是互担风险或规模经济。因而，从资源依赖理论来看，对校企合作形成的基本解释是：通过合作伙伴关系可以与其他的组织实现关键资源的优势互补。

1. 校企合作的资源驱动——利用对方的关键资源

“资源”作为经济学名词，是指一国或一定地区内拥有的物力、财力、人力等各种物质要素的总称，是通过使用或直接可以为产业、社会产生效益的东西。“教育资源”是人类社会资源之一，包括自有教育实践和教育历史以来，在长期的文明进化和教育活动中所创造和积累下来的教育知识、教育经验、教育技能、教育资产、教育费用、教育制度、教育品牌、教育人格、教育理念、教育设施以及教育领域内外人际关系的总和，具有公益性、产业性、理想性、继承性、差异性、流动性；而职业教育资源是公共社会资源和市场经济资源的混合体，既有教育资源所拥有的全部特性，又有自己独有的特征，政府、市场、学校、企业和个人共同构成了职业教育资源供给的责任主体。

职业教育的资源需求是多层次和多类别的，目前主要体现在三个层次，即基本教育需求、生活保障的就业需求、生活品质或质量提升的发展追求。其内容主要包括基础文化素质教育、专业基础理论知识、专业基本实践技能、专业提升和拓展等。市场经济中社会对人才需求呈现动态且复杂的特点，市场人才供需系统受到教育周期性、人才就业区间、就业意愿以及就业满足度等因素的影响，是由社会、政府、学校、社会团体和个人等关系之间的相互作用而构成，并在一定的历史规律下进行动态演化。人才供需的协调和匹配以及人才供需结构的作用和机理，需要从教育资源的供给角度得到确切理解，以真正实现多元主体之间人力资源的储备与共享。但职业院校不可能全部拥有，并且以一己之力也难以调配如此之多的支撑人才培养的社会资源，所以职业院校在不断地寻求与企业、行业、社会团体等不同主体的通力合作，建立合作共同体，扩充校企合作资源，以达到优势集聚、优势互补的整合效应。校企资源共享从此便形成一种理念：最紧要的资源不再需要自己拥有，但必须有能力调配，可以通过建立合作伙伴关系共同享用这些资源，但也要以同样的方式向合作伙伴提供他们所短缺或需要的资源。

2. 资源共享的理想状态——建立社会伙伴关系

校企合作共同体作为校企合作、产学研的载体，多元主体合作的主要驱动因素之一是缺乏或需要生产能力或资源，以资源为基础的合作共享超越了物质类别的能力共享，当共同的、彼此可以接受的目标被一致同意，并且那些目标不包括之间的竞争时，这种合作关系就是最好的资源融合。职业教育的实施主体是各个利益相关者的相互结合，包括教育部门、劳动部门、职业院校、行业企业、教育培训机构、社会雇主、学习者和家庭等，各利益主体通过建构社会伙伴关系形成一种多层面、多元化、放射性的合作，相互分享资源，彼此学习成长，以建立诚信和稳定的关系。

正如我国校企合作形态有不同类型一样，社会伙伴关系组织亦有不同形式。一是法定型社会伙伴关系。其典型特征是由外部机构发起组建，并且他们的利益追求或优质资源是和社区相关或是直接共享的。这类团体一般是基于某种特殊政策目标，由他们所处区域中的相关官方机构发起，即政府或非政府组织建构起来的，如“太平洋海湾教育专区”，由企业和职业教育基金会给予资助，如“学校—工厂社会伙伴”。二是社区型伙伴关系。其主要特点是关注所处地区的社会问题，以确保所有参与者可以获得足够的支持和资源。这类伙伴关系的建立主要是针对特定区域中的特殊问题，形成由地方社区组织、地方政府、行业企业、职业院校和教育培训机构紧密合作的区域网络结构。社区型伙伴关系一般跨越两个行政区域，以实现地方政府间的互动，同时，这种伙伴关系可以引导地方政府制定政策，为当地社区人员提供教育机会，如东北学习和就业网络、亚拉高级社区机构以及亚拉高级职业学院就属

于这类社区伙伴关系。三是协商型伙伴关系。这种伙伴关系形式的建立是通过内、外部利益互动而发起组建，基于互惠共赢的目标达成共识，以确保伙伴关系的维持、确保伙伴利益的实现，如昆士兰州社区服务和健康中心、圣詹姆士中学等团体就属于协商型伙伴关系。这种类型的社会伙伴关系已经运行了大约 15 年，远超过法定型和社区型伙伴关系的运行时间。

（二）校企合作的伙伴关系纽带

学校和企业是社会组成单元中不存在竞争关系的两类完全不同性质的社会组织，尽管各自的目的不同、产品不同、组织结构不同、作业管理不同、运行体制机制不同、资金运作方式不同、文化不同、理念不同、社会责任不同等，但一个客观存在的事实是职业院校以培养高素质高技能人才为培养目标，而企业需要高素质高技能人才生产出满足市场需求的产品，所以以共同培养高素质技术技能人才为核心的教育价值就成为学校和企业都需要和坚持的价值共识。

1. 校企合作过程中社会伙伴关系的植入

最初，“社会伙伴关系”是西方国家为了协调社会集团之间多种利益关系所采用的一个较为新颖的概念或范畴。社会伙伴关系是指由政府、公共机构、私营机构和社会团体形成的战略联盟，这个联盟是有助于提供具有创新性的、能够解决当地复杂的社会问题和经济问题的方案，这些解决方案必须有利于当地人民、有助于地方机构的协作。社会伙伴关系是社会不同群体之间通过共商协调形成利益纽带，建立在“共赢”基础上的一种契约合作关系，包括政府和非政府、经济实体和非经济实体之间的合作。通过建立这种多主体合作以提高成员的利益收益和工作效率，增强成员所拥有的社会资本，并且通过各群体间伙伴关系的构筑来加强社会合作，改变社会群体之间相互作用的方式与机制，使它们逐步以对话来代替对抗，使社会始终能够在一种相对稳定的环境中有序发展。

随着社会合作的不断发展进步，伙伴关系逐渐被移植到职业教育领域。目前，澳大利亚、加拿大以及欧盟等国家和地区在职业教育领域也引入社会伙伴关系理念，并取得了显著成果。在职业教育的发展境域，传统的伙伴关系是指学校与商界的合作。从雇主角度看，参与职业教育对他们有一定的益处，一方面有更多教育良好的年轻人可供选择，另一方面日渐缩短的产品周期使得员工技术调整加速。技术结构更新不断对在职培训提出新的需求，引入产业界的参与将有利于开发针对市场岗位需要的职业教育课程。同时，伙伴关系也是一个发展中的概念。任何有关学校、雇主、其他个体或私人部门之间为达成共同目标的通力合作以改进教育质量为旨意的活动，均可视为伙伴关系，它是实现改善教育计划的一种参与方式，是一个建立共识的过程，这个过程是动态的、不断成长的、逐步进化的。职业教育领域的社会伙伴关系在多主体的助推下，逐渐由传统的协助实习转向通过不同的社会伙伴获取更全面的市场信息以及社会对职业教育的需求信息，以指导职业教育的产出与供给。

2. 职业教育社会伙伴关系的界定

发展至今，职业教育中的社会伙伴关系在动态中逐渐落定，这主要是指学校、政府、社会组织、企业、教师、学习者、家长等为提升教育质量、促进社会和个人发展而建立的合作关系。这种合作关系反映在职业教育的办学形态上，既可以说是多元社会力量化办学的雏形，也可以说是职业教育办学所追求的方向。社会力量参与的校企合作办学一般由地方政府、职业院校、教育机构、行业企业、科研机构、行业协会等成员主体联合而成，具备社会伙伴关系的一般特征。第一是参与者，办学共同体内各成员主体都必须对该合作关系做出组织承诺，如共同体章程；第二是关系，成员间的合作关系应该是持久且有关联的，如共同体建立的长效性；第三是资源，每个参与者都必须给合作关系带来一些有价值的东西，或是合作过程中的生成价值，如技能、知识、资源；第四是分担与共享，在合作框架中，各方应共同承担责任，并承担各种后果的风险，成员之间拥有共同的利益追求并达成共识，如共同体治理；第五是连续性，成员间具有共同的价值、达成共同的目标、形成良好的相互信任，如维护共同体运转。这种亲密无间的合作关系得以建立的基础，是各成员主体承担履行承诺的义务、致力于共同的目标、彼此间建立信任、注重团队意识与建设、共担风险并且开诚布公地解决一切冲突和问题。如此一来，各方的关系与其说是“交易型”，倒不如说是“关系型”，并且合作各方都承诺为项目或某种合作的成功提供资源和信誉，因此，伙伴关系依赖于具体的成本共担协议、风险降低和风险分配的详细分析。

3. 校企合作共同体内部的关系网络

社会伙伴关系如同一个无形的大网，在任何活动领域无限集聚职业教育

利益相关者，逐渐形成一个价值网络来维系彼此间的合作关系。在越来越复杂的全球环境下，构建成员间的关系网络是未来成功的关键，在网络中创造并传递价值。价值网络是信息、物质和人力的结合，若有意识地使这三种资源成为一个有机的整体，关键是在价值网络运行过程中要做到理解和处理好文化的相互映衬。职业教育社会伙伴关系的突出特征就是将培养、培训、就业、升学捆绑在一起，形成一个共同体式的利益网络。社会伙伴关系的真正本质是提供服务，合作共同体内各主体皆有其角色职能，如职业教育与培训机构扮演的主要角色是满足经济与社会发展对人力资本的需求，为社会和行业企业培养应用型、技能型人才，并通过和行业企业建立合作项目和发展计划为企业员工提供培训；政府主要扮演着统筹者、协调者、规范者、资助者的多重角色，职业教育伙伴关系的形成和发展离不开政府保障方面的专项支持，离不开政府政策法规的扶助，离不开政府顶层设计上的全面统筹与局部协调；行业企业一般扮演着职业教育的举办者、投资者、消费者、服务者、合作者的角色，企业是职业教育的出发点和归宿，它为职业教育的发展提供平台，也是职业教育所培养人才的最大劳动力市场。

二、校企合作中资源共享的现实审视

教育资源分布的不均衡是制约职业教育发展的主要问题，整合教育资源、深化产教融合，成为职业教育改革发展的着力点。目前来看，校企合作的质量和深度直接关系着职业教育人才培养的质量和水平，对学生的未来发展和产业结构调整升级产生重要影响。但是由于受到诸多因素的影响，我国实然状态下的职业教育校企合作仍然处于初级阶段，流线型的单一校企资源共享虽取得一定成效，但在发展过程中还存在共享虚化、程度不深、利益纠葛等问题，亟须有一个平台来支撑和解决。

（一）校企合作中共享的资源类别

校企资源无外乎包含在人力、物力、信息、财力四大资源之内，基于教育性资源框架来分析，在目前的校企合作中，参与共享的校企资源主要有人力资源、生产性资源、衍生资源以及文化资源。资源共享的效果与校企合作的内外部环境有着至关重要的联系。

1. 人力资源的共享

校企合作共同体内参与共享的人力资源主要是师资和学生，师资包括校际专业教师、兼职教师的共享，以及校企间企业技术人员、下企业实践教师的共享；学生包括企业实习实训的各校学生，打破校际界限。在人力资源的共享上，职业院校和企业做得比较深入，具体表现在以下两个方面。

（1）师资共享方面，兄弟院校之间互通有无，形成师资享用的模糊边界。校企合作共同体内学校和学校之间也有合作，专业教师在院校之间依据需求进行兼职任教；共同体中建立兼职教师资源库，不同专业背景的行业企业专家和技术人员供兄弟院校安排使用。校企间形成兼职互聘，公司派遣技术人员来校支教，学校派专业教师去企业共同突破技术难题。

（2）学生共培方面，以专业为合作纽带的校企双方共同制订实习方案，明确学生到企业的任务与要求，并根据要求进行严格考核，以此保证实习效果，特别是校企共建学院，要求制订详细的工作计划，每期实习都进行师徒结对、分组结对、分组指导，任务明确到人，并且举办师徒结对仪式，以增强师傅与徒弟之间的使命感与责任感，密切师徒关系、增强实习效果。校企合作开班，广泛培养、培训有兴趣或有需要的学生。

2. 生产性资源的共享

校企合作共同体内参与共享的生产性资源可分为硬资源与软资源。硬资源主要是实训场所建设，即实训中心、工作室、配套设施等；软资源主要是教学培养实践，即课程教材、项目化教学、培养方案等。关于生产性资源的共享，职业院校和企业越来越注重实践的落实，主要体现在以下两方面。

实训场所建设方面。学校与企业合作共建共享实训基地，校企共同体中的企业几乎全程参与。例如，学校提供场地以及专业人才，企业提供设备以及项目订单，校企合作共建实训基地，采用完全真实的实训环境，引入完全真实的工作任务，每个实训中心均有合作企业，安排基于合作企业工作任务的实训项目，实现真实运营。对于生产线上的合作共享，这一流程的共建共享比较复杂，因为大部分企业对产品规格、技术含量的要求比较高，生产线对规格、质量的形成至关重要，所以生产线的共享程度并不是很高。

教学培养实践方面。课程教材共同开发，校企合作委员会指导校企成员合作开发课程，并将课程在行业、企业中推广，用于企业内训、订单班讲授，

在共同体同类专业中进行成果共享。虽然校企合作编订的课程、教材在数量上颇为可观，但称得上优质课程、教材的还不是很多，所谓的“优质课程”共享程度也不是很高，仅局限于共同体内，外界辐射度比较小。企业为课堂教学提供现实案例，如真实生产线流程、操作工序中错误做法、某个产品开发过程、某项技术攻关瓶颈等，使得企业生产实际内容走进课堂，为教学提供“效”“用”双修的生动素材。校企双方共同制订人才培养方案，并完成共同体内相关专业人才培养方案的修订，把行业职业资格标准融入课程教学。此外，校企合作共同体还积极探索人才的系统化培养，如在中高职衔接上不断努力，不管是人才培养方案还是课程教学，都尽量做到一体化、系统化。

3. 衍生资源的共享

所谓衍生资源，是具有增值性的资源，反映出价值创造的过程和结果。校企合作中参与共享的衍生资源可分为研发资源、意识资源、就业平台。对于衍生资源共享，我国校企合作平台虽然有一部分在实践中也在做，但效果上差强人意。研发资源既可以说是技术攻关也可以说是技术服务，涉及知识产权、生产专利、重大项目等，在层次上超过了单个企业的水平，一般是企业群组与专业群组的合作共攻。在实践中，企业给出“技术难题”，教师承接来做，或是企业技术专家和学校优秀专业教师结成项目组，共同攻破瓶颈。意识资源既可以说是主观认识也可以说是文化渗透，教师下企业实践的重要收获之一就是提高对岗位、对行业、对现代技术的认识水平。企业对产业发展的感知、动态最为清楚，对行业和市场的走向及变化最为敏感，对技术、设备的追求也最为前卫，教师在企业实践过程中耳濡目染的先进性与时代感，促进其育人理念的更新、课堂教学内容的调整，提高学生对市场需求的适应性。这种意识形态在合作交流中得到认可与共享，并且校企合作也极其重视教师下企业实践的环节。就业平台主要是指学校群与企业群合作下的产物，不是“一校对一企”而是“多校对多企”的平台，从“单向选择”发展成“多向互选”，在这个大平台上既拓展了学生的就业面也提高了学生的就业质量。在合作过程中，基于校企合作的就业平台，企业还能优选人才。

4. 文化资源的共享

文化资源属于隐性资源，这里主要是指企业文化资源，行为规范、操作流程、职业素养、制度管理、经营理念等都属于企业文化的范畴。以师徒文化传承为例，通过“拜师学艺”的形式，徒弟拜企业有资格的技术人员、管理人员为师。对徒弟的要求是尊敬师傅，礼貌待人，刻苦钻研，勤奋学习，认真守纪，注意安全；同时也要求企业师傅胸怀宽广、真心待徒，认真传授知识和技能，严格要求与训练，做到既带思想又带作风。“师带徒”是职业教育对本源的回归，企业的核心理念、价值观、工作氛围，都是职业教育的大课堂。目前，我国职业教育极为重视对“工匠精神”的传承，将“匠人神韵”渗透到教育的每一个角落，除了师徒文化外，专业课程、实习实训也处处渗透着产业文化，践行专业群与产业群的深入对接，企业文化延伸至校园，促进校企文化间的融合，以共同滋养、培育人才。

（二）校企合作中资源共享的困境

学校和企业作为职业教育发展的两大重要主体，从“工学结合”到“产教融合”，双方合作程度不断加深，相互间的异质资源依赖程度不断攀升，但在共享环境、共享广度、共享深度、共享机制等方面的摩擦也时有发生。

1. 共享环境：校企资源整合缺乏有效氛围

一是政府推动资源整合作用失位。资源整合共享是指在一定的区域内教育部门打破职业教育主体之间的现有界限，通过集聚和分配整合，统一筹划师资、教学、仪器设备、教育信息等资源的分配与使用，与行业、企业、社会共同享用，且共享形式多样、内容丰富。政府在校企合作中，对职业教育资源整合共享承担着重要的角色和功能，不仅要促进两个不同主体走在一起，还负责组织资源的整理。目前来看，所谓的整合还停留在旧资源的盘活，没有进行再加工和精加工，在政策作为上远未达到校企资源共享所要求的良好环境。二是校企资源共享无位。学校和企业在资源的整合共享中缺乏纽带与平台，单校对单企的“1+1”合作感觉压力很大。大型国企或龙头企业，本身规模大、实力强，可能合作压力相对小一些，但大型企业毕竟是少数，而且从长远来看，单个企业也难以提供稳定的、具有一定规模的就业岗位。虽然有成立某种形式的校企联盟，但也是职教资源的重复建设，受益范围较小。如现有的职业教育信息资源平台大部分都是“独立分散式”的，各资源之间缺乏统一的技术凝聚，共享稳定性差，同一资源在多个单位重复建设，浪费严重、效率低下，资源库之间也无法实现互通有无，大大降低了职业教育资源的使用效益。校企之间理想的资源共享，应该是实现一种基于区域范围，

甚至国家范围、国际上的大共享，并不是局限于自己的一方小天地，校与企的一对一的对接终归太过狭隘，并且对于行业产业的普适性比较差，不利于迁移与借鉴。

2. 共享广度：校企资源共享面有待拓宽

校企之间参与共享的资源大部分还是硬件设施、常规资源，技术层面软资源的参与少之又少，究其原因主要是主体权利义务的边界不明确。就实习实训而言，职业院校需要的是具有技术含量、与先进生产方式相联系的技术岗位，来帮助学生全面训练以掌握系统的技术技能，但问题是，企业不愿提供技术含量高的岗位做实训，更不愿提供全套的岗位技术。企业以生产为主业、以营利为目的，一切岗位都要服从生产和营利的需要，因此，企业在实训场地的提供上，主要是提供一些低端技术生产岗位，甚至有些企业会把技术含量极少的岗位专门让学生以训练的名义上岗操作，通过低酬劳从中赚取利润，这些都与职业院校对企业合作的目标恰恰相反。

就课程教学而言，学生的学习内容应该是就业后有用的、对工作有帮助的，这些内容很大一部分只有企业内充分了解岗位情况的人员才能全面掌握，这些人员应该成为职业院校师资队伍的必要补充，但企业提供理想的技术人员参与教学存在很多困难。一是时间和精力不允许，高素质的企业技术人员才能对学校教学提供帮助，但这样的技术骨干必然会把大量精力用于企业管理与发展，虽然学校通过弹性时间安排能够得到这些人员的暂时帮助，但让他们用较多时间去教学则有一定难度。二是技术或技能专利保护，学校最需要企业人员提供的关键技术和技能可能就是企业处于竞争需要而必须保密的内容，企业师傅个人很难决定哪些内容可以公开用于教学。

3. 共享深度：校企资源融合共享浮于表面

一是企业参与积极性不高。教育部推行工学结合、产教融合的办学模式，希望企业能够走在前面，起到主导作用，但现实中，学校和企业资源共享还面临很大阻力。众所周知，企业的目标是追求经济利益，在现有政策环境下，企业参与职业教育没有享受到税收优惠政策，不管是半工半读还是工学结合，企业在合作中除了获得人力资源方面的某些利益外，基本得不到其他切实的好处，一些企业还担心接收学生实习会影响生产，再加上企业对职业教育校企合作的办学内涵不甚了解，未认识到职业教育对企业的贡献。从而严重地影响其参与积极性。二是共享收益分配不明晰。校企利益共同点还未形成，资源共享之后，对于院校而言，可以提高本校的教学、管理等综合实力，通过与企业合作，学生出口渠道拓宽，获得较大收益；而对企业而言，企业最关心的是能否获得更优秀的劳动力，劳动者的技术技能是否有新的价值提升，是否具备胜任企业目前和未来发展的岗位要求的职业能力，合作学校是否有能力解决企业在经营、管理中的困惑等。这些问题还未得到肯定的答案，收益也不确定。三是校企双方缺乏信任。校企之间对合作培养、合作生产的认识还存在眼前利益与长远利益、偏安一隅与全局规划的矛盾，不少企业还认为办教育只是学校的事情，学校和企业尚缺乏理智而成熟的“合作教育、优势共享”理念导向。作为校方，必须转变传统的办学观念，尝试创新合作模式，努力提高合作育人质量，做到培养目标基于需求、办学形式适应市场，使学校专业设置与经济发展相适应，使学生素质与企业需求相适应，只有这样才能赢得企业的信任与支持，校企合作共享才能取得长足进步。

4. 共享机制：校企资源共享尚未形成双向流动

现在许多学校和企业的合作共享未实现纵深发展，根本原因是没有实现资源的双向流动，未建立资源的双向获取机制。一是校企间的松散型合作。实训交流方式不当，学生实习时间短，来不及掌握实践内容，企业也未配专门工程师指导学生，学生很难从企业获取实用资源；同样，学校丰富的资源也没能通过学生或其他方式带给企业。人才共同开发机制不良，在人才资源开发的方向、规模、层次、内容等方面仍是以各自为中心，造成学校学生不了解生产和市场；同时，人才信息局限于本单位或本行业，致使人才共享的机制尚未建立。二是合作中校企双方都未投入核心资源。学校不愿对企业进行实质性资源投入，企业得不到理想收益，合作热情便逐渐冷却。目前来看，有些企业在合作共享中，主要是通过设立学生奖学金、赠予学校实训设备来参与，但从整体上看还是处于学校单方主导的合作形式，对于人才“校企共育”的追求仍有一定差距。在顶岗实习方面，供给的工种比较单一，多工种轮调的实训还比较困难，再加上岗位作业的实效性欠缺，以至于实习实训的内容与技术技能培养目标存在一定差距，参与合作的动力也随之下降。

第三节　企业参与职业教育的体制机制与社会责任

一、企业参与职业教育社会责任的理论审视

深化产教融合校企合作之所以难以实现，既有校企合作外部激励保障不到位的因素，也有企业自主承担职业教育社会责任觉悟不够的内部因素。事实上，我们可以将企业参与职业教育的行为视作遵守社会契约前提下的责任履行，这意味着企业参与职业教育过程即是履行社会责任的过程。鉴于关系契约理论本身内涵丰富，具有较强的适用性和动态的解释力，本研究以关系契约为分析框架，从理论层面阐释企业参与职业教育社会责任的内在规约性。

（一）关系契约的理论提出和价值属性

关系契约的概念最初由麦克尼尔提出，他对现实生活中发生的真实契约现象进行描述，认为所谓契约不过是有关规划将来交换的过程的当事人之间的各种关系，而“关系”就是一个人与另一个人通过社会的或其他相互的连接而发生作用的处境，或通过情景、感情等的关联。它突破了原有古典契约理论的基本观点，在对古典契约理论继承与批评的基础上，重建了一套新的契约秩序。麦克尼尔从动态及未来的视角来理解契约，重视契约缔结背后复杂社会关系对契约履行的影响，注重契约与社会互动功能的实现，强调“交换”和“过程”，并逐渐成为经济学、管理学、法学研究的焦点问题。本研究结合企业参与职业教育社会责任实践，主要从以下维度来分析关系契约的理论属性。

1. 统一体特征

统一体是指有着共同目标、基本规范和价值追求的组织，其需要的实现以相互团结、合作援助为前提，在一定意义上体现了契约方的相互依赖性。

关系契约将当事人看作一个关系共同体，从一开始缔约就存在的关系共同体。从社会关系角度分析，关系契约超越了合同确定的权利义务约定。它的统一体特征体现在以下两方面：一是组织成员内部的统一，即契约参与者之间不仅存在权利义务的对等性，还应当基于契约参与者互相保护、互相帮助、合作互惠的理念。这也是契约精神的一种价值取向，这要求关系契约参与者不仅追求个人利益的最大化，同时还要兼顾组织其他成员的利益，并站在更高层次进行合理统筹，以实现集体利益最大化。二是组织内部与外部社会的统一。以企业为例，企业作为社会组织的重要代表，在追求经济利益的同时，还需要考虑自身处于社会组织当中的特殊地位，并承担与之相适应的社会职责，以维护关系和社会规范，达到经济利益和社会效益的整体协调；反过来，企业实现的社会效益也会视情况而为企业带来更好的经济收益。可见，统一体这一概念的使用通常是为了表达一种与利益相关的人际联系，且这种联系不是暂时的，也不是一对一的，而是一个纵横交错的巨大社会关系网络，互利互惠是维系其存在的核心因素。

2. 长期性特征

长期性特征是从时间维度来审视关系契约的履行过程，可以确定的是，关系契约的缔结和履行是一个复杂而漫长过程。究其原因，主要是由两方面决定的：一是有限理性决定了关系契约的长期性。社会人的主体假设认为人是有限理性的，由于人自身认知能力、获取信息成本、利己利他思维等方面的限制，决定了关系缔结之初很难预料有关行为的方方面面，所以关系契约的维持必然是长期调整的结果。二是内容不确定性要求关系契约的长期性。缔结关系契约象征着矛盾的解决，但绝不意味着矛盾的消除。随着时间的推移，参与者也会预料到关系契约并非个体单纯的合意，履行过程中必然会出现新的问题和新的矛盾，如机会主义行为的出现，需要根据新的情况重新调整内容和关系以应对不确定性。与团结和合作相反的是机会主义行为，制度的一个非常重要的目的就是要防止各种各样可预知和不可预知的机会主义行为。因而，为尽可能维持契约关系，关系契约本身十分注重利益分担机制的建立，动态平衡契约关系参与者利益。

3. 非承诺性物质交换的存在特征

在关系契约中，契约参与者之间关系的交换具有广泛性，不仅进行经济

契约的交换，还包含以合作和互惠为内容的其他要素的广义的社会性交换，可以说这是一种隐性的交换。我们必须将关系契约放大到整个社会这一复杂的大背景下加以分析和考察，引入各种交换关系，考虑非承诺性物质交换等其他社会因素的影响，如注重社会地位、社会价值观、社会规范和情感联系等在交换中的实际效益。值得注意的是，除了即时性的交换，关系契约还涵盖对未来意识期待的交换。基于关系契约的长期性特征，关系契约参与者对未来交换产生了合理预期，并愿意以未来意识换取现在关系的维系，当这种预期被参与者接受认同后，就形成了关系规范，如企业在社会生产实践中努力践行高度社会责任感以赢取一定的知名度、满意度和美誉度。当然，除了关系规范，还存在其他的社会规范，所有这些非承诺性物质交换的存在都有助于参与者更加积极主动地履行契约，避免和减少违约事件的发生。

（二）关系契约与企业参与职业教育社会责任的属性契合

基于对关系契约理论提出和属性的分析可知，关系契约理论以社会学的视角解释现实社会的契约关系，具有独特的理论优势。而企业参与职业教育则是企业承担社会责任的具体体现，无论是美国经济发展委员会提出的企业社会责任同心圆体系、莱辛格企业社会责任层次体系，还是卡罗尔企业社会责任金字塔分层理论，无不强调企业社会责任的自我履约，高度契合企业参与职业教育的主体定位和动机选择。因而，关系契约视域下企业参与职业教育亦具有统一体、长期性和非承诺性物质交换的存在的属性特征，且之间的相互关系如图 3-1 所示。

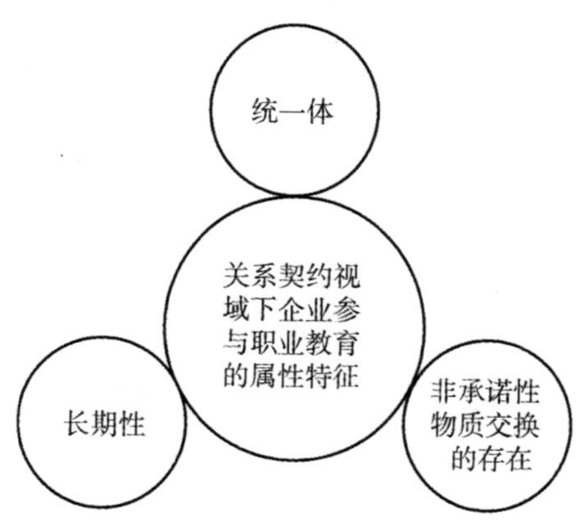

图 3-1　关系契约视域下企业参与职业教育社会责任的属性特征及关系

1. 企业参与职业教育的统一体特征

校企合作不仅是一种育人模式，更是利益相关者之间进行资源再配置、利益再分配的过程。针对利益冲突对立统一的关系，关系契约理论强调契约性团结。这种团结表现出统一体特征，具体是指契约参与者个人利益的实现要通过其他参与者利益的共同实现来满足，是一种指向广义且综合的互助同构关系，具有集体约束力的效力。

事实上，职业教育需要基于职业教育中的校企合作——行为机制、治理模式与制度创新满足市场需求以实现受教育者的就业目标，从而实现技能型人才的内外价值，达到企业技能型人力资本的能力开发诉求。通过对行业企业领头的300家企业在履行企业参与职业教育社会责任方面情况的调查，发现大部分企业对于职业教育利益诉求的实质是人才的职业能力培养，并做出了重大尝试，其参与的主要方式是校企合作共建产学研中心（基地）、开展各类技能大赛、开展不同类型和层次的员工培训等。目前，一方面国内部分上市公司和大型企业集团相继成立了企业大学与培训学院；另一方面，部分上市公司与职业院校直接合作，参与人才系统培养过程。因而，企业参与职业教育并不是单方面的成本投入，而是互利互惠的社会交换和利益均衡的满足实现，具有明显的统一体特征。它与政府、行业、职业院校、教师、学生等关系自身因存在许多共同或相继的人力资源方面的利益需求而形成了复杂的相互依赖网。企业参与职业教育不仅能够满足企业内部发展需要的人力资源要素，让更多的企业开始关注职业教育，自主自愿地接受承担职业教育责任的理念，并在发展过程中不断践行职业教育职责，实现企业经济效益与参与职业教育投资的良性循环，还有利于企业更好地处理与职业院校的外部合作关系，更好地协调企业与社会的发展关系，在为职业教育发展提供实习实训等发展要件的同时，实现自身的有序、长远和持续发展，如企业在为教师社会实践提供机会的同时也分享了教师企业实践的成果，增加了意想不到的收益和价值。

校企合作衡量的标尺不仅在于涵盖企业参与职业教育的数量和广度，更在于其参与的深度和可持续性，而深度和可持续性又深深地根植于互利共赢长效机制的保障。校企利益共同体建设是政府、行业、企业、职业院校等办学共同体形成的关键因素，也是校企合作关系长久维持的动力源泉和重要保证。可见，企业的高度配合和深度参与是校企双方共同的利益取向。关系契

约视角下，必须强调构建企业参与职业教育的统一体特征的重要性，既要考虑契约参与者之间的利益博弈，又要考虑如何整合相互冲突的价值观，以实现合作共赢。

2. 企业参与职业教育的长期性特征

关系契约是一种由未来关系价值所维系的非正式协议。由于关系契约自身的不完全性、人的有限理性以及信息不对称等引起缔约成本和证实成本的增加，使得契约的实现是一个长期渐进的过程。同理，企业参与职业教育过程中，由于偶然性、复杂性和不确定因素的存在，建立双方长期稳定的伙伴式合作关系也是一个复杂的履约过程，需要政府、行业、企业和职业院校等相关办学主体反复磋商和不断调整。

（1）校企合作利益主体多元。2010年国务院印发《关于开展国家教育体制改革试点的通知》，明确提出建立健全政府主导、行业指导、企业参与的办学机制体制，创新政府、行业及社会各方分担职业教育基础能力建设机制，推进校企合作制度化。企业在参与职业教育实践中，也确实涉及政府、行业、企业、职业院校、学生等多个利益主体，应该承认其价值追求的客观性。纵观校企合作发展历程，多年来我国职业院校通过寻支持、搭平台、建机制等多方努力，却始终没有解决校企合作这一历久“弥新”的历史性发展难题，其根源在于校企双方的合作更多是依赖于私人情感因素，尚未建立制度化的校企合作运行机制，以解决多元办学主体合作问题。

（2）校企合作形式丰富多样。校企合作不是仅强调末端的“结合”（顶岗实习、就业）就能得到解决的问题，必须要深入地将其贯穿于人才培养的整个过程。由此观之，校企合作不仅形式多样，还具有一定的层级分布，且国务院《关于加快发展现代职业教育的决定》明确指出我国职业教育改革的重点在于产教深度融合。因而，要想实现职业教育人才培养的全面提高，贯彻落实企业参与职业教育人才培养全过程的要求必不可少。一是共建实习实训基地，满足学生实践能力提升需要；二是接纳教师赴企业实践，服务教师专业化成长需求；三是搭建产学研共同体，提升职业院校区域服务能力；四是开展社会培训，承担开放式教育培训体系完善职责。如中国第一汽车集团公司、四川长虹电子集团有限公司、神州数码网络有限公司和东风汽车集团股份有限公司等与国内院校合作，共同创办学院或共建实习实训基地，已成为全国职业教育师资专业技能培训示范单位，负责承担专业人才的培养与培训和技能鉴定工作。与过去相比，虽然我国职业教育校企合作在各利益方的竭诚努力下取得了显著成绩，校企合作水平不断提高、合作进程不断推进、合作深度不断挖掘，但随着我国职业教育体制机制改革进入深水区，很多校企合作核心利益矛盾集中凸显，校企合作关注的重点也逐渐聚焦到运行机制、长效机制、体制机制和治理结构等问题。有建议从建立现代职业教育体系的高度推动产教融合制度创新，探索政府、行业企业、职业院校等利益相关者各尽其能促进产教融合的新路径，尝试着用新思维、新方法赋予校企合作老问题以新突破、新进展；也有推崇混合所有制、集团化办学、现代学徒制等新近涌现的发展模式，旨在进一步明晰校企合作利益主体间的角色定位及权责关系，突破办学体制机制束缚，构建校企合作常态化运行机制。如国务院《关于加快发展现代职业教育的决定》明确提出“探索发展股份制、混合所有制职业院校，允许以资本、知识、技术、管理等要素参与办学并享有相应的权利”，奠定了职业院校混合所有制办学模式的政策基础。但无论方式如何，其目标指向都是一致的，就是基于中国职业教育发展的特殊国情，激活企业参与职业教育的自主性，并将之内化为企业自我发展的原发性行为，破解校企合作深层次的困境。

因而，随着产教融合的深化，企业参与职业教育也将深层次地触及校企合作的焦点和难点，也会折射出更具隐蔽性、复杂性与不确定性的制约因素，利益关系协调也将更加复杂多变。如何通过制度化的弹性机制应对不确定因素的影响，落实企业办学主体地位，保障企业投资收益，是企业参与职业教育、缔结长期性契约的重要方面。

3. 企业参与职业教育的非承诺性物质交换的存在特征

非承诺性物质交换的存在拓展了交换的内容范围，也扩大了关系契约理论的适用范围。众所周知，企业履行参与职业教育社会责任根植于社会，合作互惠是关系契约理论的基本价值导向。当然，这种合作互惠既包括物质性的交换，也涵盖非物质性的交换。企业履行社会责任最佳状态就是要在股东与利益相关者之间建立起利益协调的机制，以形成能够在企业与利益相关主体之间实现良性互动的统一体。通过对企业参与职业教育的动机分析，除了获取人力资本的潜在效益和服务产品延伸的经济功能，企业还将参与职业教育作为一种公益慈善行为和承担社会责任的道德行为，进而提高企业的公众形象和社会声誉。这是企业参与职业教育重要的外部动力，如一些企业通过

发展基金或奖学金形式，出于公益心选送一批职业学校优秀的学生外出培训，旨在为这一行业培养高精尖的技术技能型人才。实践也不断证明，由于教育效益的发挥具有一定的迟滞性和后发性，企业对参与职业教育的效益很难完全通过物质标尺来衡量，且只靠经济交换获得的关系未必长久满足。因而，随着社会主义市场经济开放程度提高、现代企业制度完善，企业在追求经济利益的同时，非经济利益或者说社会普遍关注的利益也成为很多企业尤其是大型企业追求的重要目标之一。不可否认，不同性质、不同规模、不同发展阶段的企业，其所形成的社会关系契约有所不同，从而企业承担的社会责任也不尽相同，同时，参与职业教育的实际趋向也存在显著差异。对于行业领军或行业主流企业来说，由于雄厚的发展实力、强劲的发展潜力和崇高的社会责任感使得其在参与职业教育方面显得较为自觉，而这样的自主行为在一定程度上又为企业的发展赢得广泛的社会认可，因而，非承诺性物质交换的存在特征极为明显。

（三）关系契约与企业参与职业教育社会责任的价值契合

基于关系契约三大属性特征，从关系契约的视角来观察企业参与职业教育问题。这既是企业追求经济性的价值体现，也是企业承担职业教育社会责任的现实考量，同时也是职业教育跨界本质属性的价值趋向，其关系如图3-2所示。

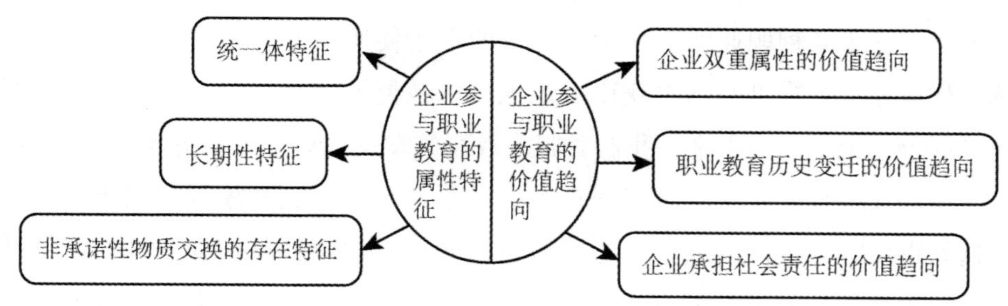

图3-2　关系契约视域下企业参与职业教育社会责任的属性特征与价值趋向关系

1. 企业参与职业教育是企业双重属性的价值趋向

关系契约的主体假设是“社会人”，但它并不完全否认“经济人”的价值取向，体现了企业参与职业教育的统一体特征，也反映了企业参与职业教育双重属性的价值趋向。可以说，双重属性正是企业参与职业教育的逻辑起点。一方面，企业作为市场经济活动的主体，扮演“经济人”的角色，其做出的任何选择都建立在对成本和收益权衡的基础上，这决定了其参与职业教育方面的动机需求是一致的，这是企业的本质属性决定的。根据市场经济利益最大化的基本准则，企业对职业教育的投入与参与，必然会有一定的投资预期和收益要求，原则上至少应符合两个基本条件：一是企业的教育投资支出所能取得的预期收益按市场贴现率贴现后不应低于其投资成本；二是企业教育投资的预期收益率应等于或不低于企业在其他方面的收益率。换言之，只有为企业带来超值收益的教育投资才会被企业所采纳和实施。另一方面，企业作为一个社会性组织，以“企业公民”的身份存在，是社会大家庭的重要组成部分，尤其是现代企业制度下要正确认识企业和社会的关系，企业不仅应当注重营利，更应该成为为其他契约者服务的工具。而职业院校属于国家公共事业单位，其所提供的产品和服务显然不属于纯公共产品，也不能归属于私人产品，而是介于两者之间的准公共产品，具有明显的公益性特征。因而，企业参与职业教育有益于促进社会公益性价值的实现。可见，企业与社会交易活动所形成的契约关系既具有私人性，又具有社会公共性，企业应当在可以选择和衡量的范围内对企业的经济利益和社会效益之间进行成本的权衡，便于在企业整体目标上达到一种相对均衡的状态。

2. 企业参与职业教育是职业教育历史变迁的价值趋向

职业教育泛指一切增进人们职业知识和技能、培养人们职业态度、使人们能顺利从事某种职业的教育活动，目的在于使所培养的人在能够满足社会和时代不停进步需求的同时获得立足谋生的技能。它是我国教育体系的重要组成部分，但是一直以来，我们对职业教育的发展规律把握得并不是特别好，以至于职业教育人才培养难以获得社会的普遍认可。究其原因，根源在于企业这一重要办学主体的缺位。与普通教育相比，职业教育作为一种与经济社会发展关系最为紧密的教育类型，是一个复杂的、开放的、多层结构的有机系统，具有跨界的典型特征。既跨越了学校和企业的疆域，也跨越了教育与职业的范畴。可以说，跨界性深层次地触及了职业教育的特色，彰显了职业教育作为一种类型教育的内涵与特征。显然，职业教育的发展离不开企业的支持与参与。

企业参与职业教育是一个历史性和具体性的范畴，一系列国家政策和制度的变迁在很大程度上影响了校企合作的实际走向，具体表现为企业在校企

合作中的地位和作用的变化，即由开始的职业教育的举办者到职业教育的参与者，再到职业教育重要办学主体的转变过程。可见，国家职业教育政策和制度是校企合作的出发点，解决校企合作问题也始终是职业教育改革发展的方向，体现了企业参与职业教育契约形成的长期性。

3. 企业参与职业教育是企业承担社会责任的价值趋向

社会属性是企业社会责任的根源，它构成了企业社会责任的可能性基础。且企业社会责任的思想由来已久，它伴随着企业的发展而日渐完善，最早可追溯到安德鲁的著作，而相关概念和理论的提出则始于 1924 年欧利文·谢尔顿的研究。本研究从关系契约的属性特征出发，认为非承诺性物质交换的存在是企业承担社会责任、参与职业教育的逻辑起点，认为企业社会责任是指公司在谋求股东利润最大化之外所负有的维护和增进社会利益的义务的观点。换言之，企业为获取更多的经济利益和交易机会，在享受社会所给予权利的同时，应当承担相应的社会责任，如提供优质产品服务、保障员工合法权益、维护竞争市场秩序、重视和创新知识产权、参与公益事业等，而参与职业教育也是其众多社会责任中重要的内容。

首先，关系契约理论多元价值追求决定企业参与职业教育的必然性。根据关系契约理论，既关注契约团结也注重契约公平的多元价值追求要求政府、企业、职业院校、学生等职业教育办学的相关利益主体依据“谁受益、谁投资”的原则进行成本分担。而学生和国家分别以学费和政府拨款的形式分担教育成本，唯有企业仅仅付出“成品”的使用费，却有意无意地忽略了人才的“生产费用”，应该说是不太合理的。其次，企业在参与职业教育履行社会职责时具有未来意识的预设前提。这意味着企业履行参与职业教育社会责任是为了获得未来更好的交换。实际上，企业与相关契约主体的社会交换和互动是广泛的，一方面是为了获得企业与相关契约主体的协调发展，如现在即时性的交换；另一方面是为了获取未来更多的交换利益，如对未来意识期待的交换。因此，企业在参与职业教育方面应当承担起两个方面的责任：一是开展在职员工培养培训活动，利用职业院校场地优势、技术优势和人员优势开展企业产品研发和技术升级，满足即时性交换的需求。二是深度参与校企合作，共育高素质劳动者和技术技能型人才，满足对未来意识期待的交换。众所周知，高素质劳动者和技术技能型人才的成长不是一蹴而就的，而是需要经过一个相当长的培养周期，更少不了企业在这一过程中的培育。因而，企业积极参与职业教育校企合作，深度融合产教过程，主动介入前期人才培养，有利于缩短“学校人”向“职场人”的过渡期限，获得优质人力资源的优先挑选权。

根据美国学者卡罗尔的金字塔分层理论，企业承担的社会责任应与企业发展规模相匹配，即使是小规模的企业，也应承担部分与企业相适应的社会责任。对于我国行业内的中小微企业来说，由于企业的性质规模、发展阶段和理念格局的局限，其参与职业教育校企合作的利益诉求可能是非常现实甚至是非常功利的，常常局限于满足企业实际生产的用工需求即可。众多中小微企业其实并不是不积极参与校企合作，而是更关注自身企业的性质和用工需求，旨在降低生产成本，追求短期利益最大化，使得学生的顶岗实习具有季节性与偶然性，且合作流动性较大。再加上我国企业承担社会责任的评价不完善，也在一定程度上影响了企业社会责任的自我履约。因而，我们应采用新的企业管理模式，依据企业个别性的特征开展全面社会责任管理，并将企业参与职业教育行为纳入社会责任报告，最大限度地激发和凝聚企业参与职业教育经济、社会和环境的综合价值。

二、企业参与职业教育的社会责任的内在机理

企业社会责任，这一概念最早是由英国学者欧利文·谢尔顿在《管理哲学》一书提出的。由于企业社会责任本身包罗万象，而且边界也在社会实践中不断扩展，以至于至今尚未形成一个统一的企业社会责任概念。但国外学者在研究过程中尝试避开“企业社会责任概念丛林”的困境，概括出了企业社会责任应当遵循的原则和标准，并形成了两个基本共识：一是承认企业追求利润的合理性，二是关注利益相关者的诉求。事实上，在企业漫长的发展历程中，传统古典观和现代经济观曾聚焦企业是否应当承担社会责任和如何界定承担社会责任的边界而展开激烈争论，并使得企业社会责任的内涵不断丰富和深化。20 世纪 90 年代开始，企业自主承担社会责任已成为广大学者和经营者的普遍共识。而从职业教育领域看，由于企业是职业教育“产品”的需求方，最关心职业教育“产品”的质量，最清楚职业教育“教什么”“如何教”和“为谁教”等基本问题，我们对企业参与职业教育主体地位的重视也与日俱增。不久前，教育部等六部门印发了《职业学校校企合作促进办

法》，再次强调企业应当依法履行实施职业教育的义务，重申企业履行职业教育社会责任的重要性。因而，我们有必要联系相关理论和社会实践对企业履行参与职业教育社会责任这一现象进行穷原竟委地讨论，从而为深化产教融合、校企合作提供新的分析视角和实现路径。

（一）企业参与职业教育的社会责任的类型划分

企业履行职业教育社会责任源自对企业社会责任的理解和具化。因而，在对企业社会责任认识基础上，我们将企业参与职业教育的社会责任定义为：凡是企业参与职业院校以及企业自身在实施职业教育过程中通过共同育人、合作研究、共建机构、共享资源等方式实施的合作活动，旨在增进人们职业知识技能、影响人们职业道德素质、改善职业发展状况方面采取的措施都是履行职业教育责任的表现，具体内容涉及人才培养、技术创新、就业创业、社会服务、文化传承等维度。这是一种广义上的认知，它将企业参与职业教育本身视为履行社会责任的表现。根据不同标准，企业履行职业教育社会责任可以划分为不同类型，见表3-1。

表3-1　企业履行职业教育社会责任的类型划分

<table>
<tr><td>划分标准</td><td colspan="4">划分类型</td></tr>
<tr><td>涵盖范围</td><td colspan="2">员工职业教育（内部）</td><td colspan="2">学校职业教育、社区职业教育（外部）</td></tr>
<tr><td>发展动因</td><td>逐利型</td><td>公益型</td><td>综合型</td><td>—</td></tr>
<tr><td>实施内容</td><td>职业启蒙教育</td><td>职业准备教育</td><td>职业发展培训</td><td>—</td></tr>
<tr><td>参与方式</td><td>职业培训</td><td>职业教育</td><td>职业活动</td><td>公益活动</td></tr>
</table>

1. 依据涵盖范围划分

依据涵盖范围，企业履行职业教育社会责任的实践行为可以分为两类：一是内部的员工职业教育，这是企业优化人力资源而全身心投入职业教育的表现，主要是指企业针对内部员工技能升级而建立的完善的职业教育培训体系，如日本企业根据不断变化的市场需求，建立了集在岗正规培训、脱岗正规培训、在岗非正规培训和脱岗非正规培训等灵活多样的员工终身教育培训制度。我国也在《关于深化产教融合的若干意见》中强调落实企业职工培训制度，强化企业职工的在岗教育培训；二是外部的学校职业教育和社区职业教育，其中学校的职业教育即通常我们认为的狭义职业教育，企业履行职业教育社会责任主要通过投资办学、订单培养和实习实训等方式实现，而社区职业教育主要是指企业融入社区需求以此开展各种正规、非正规的教育培训活动，如针对残疾人等弱势群体提供技能补偿教育，帮助其解决就业与再就业的生计问题。

2. 依据发展动因划分

依据发展动因，企业履行职业教育社会责任的实践行为可以划分为三类：一是逐利型，如企业出于经济动力与职业院校普遍开展的订单合作培养形式，主要以中小型企业为主，这类企业对劳动力具有较大的依赖，大多属于劳动密集型行业。进一步分析可知，企业之所以自主履行职业教育社会责任很大原因在于其能够满足企业内部发展需要的人力资源要素，实现企业经济效益与参与职业教育投资的良性循环，具有低成本和高收益的显著特征。二是公益型，这类企业将履行职业教育社会责任作为一种公益慈善行为。通常国有企业和民营企业在公益性方面表现较好，主要以捐资助学、教育基金等公益项目参与其中，同时这些企业也因积极承担社会责任的道德行为收获良好的社会声望，体现了企业与社会进行的以高度社会责任感换取良好社会形象和信誉的交换性关系。三是综合型，这一类企业兼具经济因素和道德使命，一般以行业领军或行业主流企业为代表，它们将履行社会责任作为公司发展战略的重要组成部分，如华为、联想等大型企业在与职业院校开展联合办学的行为动机是复杂的、综合的和集成的，它可能出于经济动力却不经意间履行了大型企业的社会责任，也可能因纯粹的公益心而收获丰厚的经济回报。可见，职业教育投资具有其他投资的共性，企业既可能为追求经济利益而投资，也可能为追求公益心理和精神满足而投资。

3. 依据实施内容划分

依据具体实施内容和实施对象，企业履行职业教育社会责任的实践行为可以划分为三类：一是职业启蒙教育，主要针对青少年，如LG甬兴化工利用企业在化学理论和与实验器材方面的优势，自主开发趣味化学课程为社区青少年提供职业启蒙教育；二是职业准备教育，主要对象是职业院校的学生，企业通过校企合作的方式为其提供由学生向员工过渡转换的通道，如联想与职业院校联合成立联想专班，通过工学交替的方式对学生进行职业化培训，

确保达到企业用人标准；三是职业发展培训，主要针对企业员工和社区群众重新就业和职业发展需要提供的短期或中长期技能培训项目。其实，职业启蒙教育、职业准备教育和职业发展培训不仅是企业履行职业教育社会责任的重要内容，更是贯穿人终身职业发展的逻辑主线，也是社会人力资源开发的基本方式。

4. 依据参与方式划分

依据参与方式，企业履行职业教育社会责任可以划分为四类：一是职业培训，主要涵盖安全健康、技术技能、学历提升和弱势群体就业等方面，如制造业和采矿业的企业尤为重视员工的安全健康教育；二是职业教育，形成了共建学院、产学研中心（实训基地）建设、课程建设、教学改革、师资队伍建设、创新创业等灵活多元的参与方式；三是职业活动，主要是指企业围绕技术技能而开展的系列活动，如承办各级各类职业技能大赛；四是公益活动，指企业出于公益心组织开展成立创业基金、捐赠教学物资、社区知识普及等各类活动。

（二）企业参与职业教育的社会责任的模式分析

不同性质、不同规模、不同发展阶段和不同文化背景的企业承担的社会责任不尽相同，履行职业教育社会责任的实践也有显著差异，并形成了侧重慈善捐助、校企合作和社区协作三种较为常见的模式。

1. 慈善捐助型

（1）慈善捐助型对企业的要求。慈善捐助型是企业最具社会责任感的体现，其对象通常是经济欠发达地区的职业院校和家庭经济困难的职业院校学生。当前，我国正大力开展职业教育精准扶贫，这不仅需要国家政策规划、项目引领和财政支持，更需要千千万万的企业秉承企业公民的职责，关心、关注和回馈职业教育。但需要注意的是，企业履行职业教育社会责任应视企业自身状态而定，通常企业规模和企业履行社会责任的水平成正相关。由于慈善捐助型带有很强的公益性，对企业发展规模和经济效益都具有较高的要求，往往以国有企业和民营企业为主。反过来，也只有发展成熟、实力强劲和财力雄厚的大型企业才具备成熟的对外应变机制和担负慈善捐助的能力。

（2）慈善捐助型的实践形式。一是筹建职业院校，如中煤集团按照“缺什么、补什么”的原则成立中煤职业技术学院，为10家企业培训采矿、通风、地质和机电等方面的紧缺人才，以提高一线员工操作、维护自动化设备的技术水平。二是捐助教学设施，与普通教育相比，面向岗位人才培养的职业教育对教学用具的需求更大，像汽修专业迫切需要用于教学的拆解车辆，以帮助学生很好地了解汽车的内部结构和运作原理。三是开展助学基金项目，如中国第一汽车集团有限公司依据“扶贫先扶智”的原则，一方面尤为重视当地的技术培训，积极承担并开展职业教育扶贫项目，帮助和支持建档立卡家庭的孩子完成免费的职业教育及培训，甚至根据“择优推荐、双向选择”原则，安排学生到下属企业就业；另一方面则通过设立助学公益基金广泛资助困难学生完成学业，为他们尽可能创造获得公平教育的机会。四是创立青年志愿者协会，这是慈善公益行为可持续发展的组织保障，如中国农业银行、中国石油天然气集团等都以协会为组织基础，成功打造各具行业特色的志愿服务品牌和运作机制。毋庸置疑，从社会影响来看，这种润物细无声的慈善帮扶能够帮助企业获得社会各界长期的好感、信赖和支持。

2. 校企合作型

（1）校企合作型对企业的要求。校企合作型之所以能够成为当前企业履行职业教育社会责任最为普遍的形式，源于其对参与企业相对宽泛的要求。一直以来，校企合作是关乎职业教育发展的重大命题，它是一个系统的办学过程，不仅关系办学主体，即由谁投资、由谁管理的问题，也涉及办学目标定位、办学模式构建等人才培养的方方面面，而且学校和企业两大办学主体的权责分配比例也会深刻影响合作的形式和程度。与慈善捐助型相比，校企合作型既注重与大型企业的联合培养，也注重与中小微企业的教育合作，呈现出合作企业类型丰富、形式多元和灵活多变的特征。

（2）校企合作型的实践形式。依据学习地点，校企合作型可以分为两种形式：一是以企业名称命名的独立学院，类似于“校中厂”的形式，如杭州职业技术学院构建了以利益与共、文化相通、成果共享为基础的“校企共同体”高职教育特色办学模式，下设达利女装、友嘉机电、青年汽车等多个二级学院。二是以经营企业的理念来供应教育服务，类似于“厂中校”的形式，通过在企业中设立产学研实训基地，以真实的职业环境对学生进行岗位规范训练，以真实的科研项目为教师提供价值服务，以真实的成果加速校企间的协同创新和成果转化。当然，无论哪一种形式，均契合职业教育“做中学、

学中做”的基本规律，体现了学校教学目标和企业生产目标的统一，彰显了职业教育的跨界属性。

（3）校企合作型的发展阶段。企业参与职业教育校企合作本身是一个内涵不断丰富、形式不断多元、程度不断深化和责任不断内化的动态过程，大致可以划分为三个阶段：一是企业单向接受学生实习的配合阶段，这一时期企业处于相对被动状态，而且也没有参与职业教育的价值诉求和责任意识。二是校企联合双向建设阶段，这时企业已有参与职业教育的意识，也认识到参与职业教育不仅仅是外在政策的要求，更是自身发展的需要，主要以订单培养的形式呈现，并参与课程标准编写、师资队伍建设、学生实习实训等多个培养环节，为企业发展培养了大量优秀的储备人才。三是校企一体交互合作阶段，相比于前两阶段，这一时期随着商业制度文化的规范，企业社会责任意识普遍增强，既意识到参与职业教育有利，也提高了自我履约性，并涌现了集团化、混合所有制等新型办学模式。越来越多的企业开始主动参与职业院校合作，如上海大众汽车有限公司不仅在安亭本部与上海工商职业技术学院、上海工程技术大学开展合作，同时也积极推进户外工厂，如仪征、长沙和乌鲁木齐等地积极探索校企联合培养模式。

3. 社区协作型

（1）社区协作型对企业的要求。社区，顾名思义，它将活动规定在一个特定区域范围，社区内的组织存在地域上相连和利益上相关的关系。社区是企业重要劳动力的来源，出于责任道义，一个社区中的企业无法脱离特定的社会关系而存在，天然具有为该社区提供服务的责任。这些服务在职业教育方面具体体现为提供科技服务、改善居民文娱条件、加强居民文化素质、提升居民生活技能和保障居民就业水平等。一般而言，社区协作型并没有设定企业参与门槛，但通过实践调查，发现参与社区职业教育的企业具有非常明显的行业属性，如金融业、传统农业等在参与社区职业教育方面表现较好。

（2）社区协作型的实践形式。面向社区开放办学，建立社区和职业教育联动机制是新时期创新职业教育办学模式、拓展职业教育发展功能和扩大职业教育服务面向的新路径。企业作为重要参与主体，也在积极探索社区职业教育的各类实践形式。一是技能培训，我国社区职业教育起步较晚，发展速度也较缓，目前技能培训依然是首要需求，也自然成为企业参与社区职业教育最主要的实践形式；二是技术指导；三是提供文娱服务。此外，随着国家对社区职业教育的重视，并将之纳入现代职业教育体系的整体建构，企业在现有实践方式的基础上，还应积极联络社区内的职业院校，围绕技能培训、资格认证和继续教育等内容深化合作，充分发挥企业服务社区、区域和社会发展的经济功能和社会意义。

（三）企业参与职业教育的社会责任的合作机制

在社会学中，机制是指经过实践检验的、在多种因素刺激下能良好地发挥作用的处理问题的方式。如果把企业与员工、社区、学校看成两个能发生映射关系的主体集合，则这两个集合的合作机制是指合作主体间的互动方式与联系路径。现就企业在与职业教育其他主体聚合关系中形成的利益机制、交往机制、组织机制进行探讨与分析。

1. 互惠性的利益机制

利益机制是企业参与职业教育的内在动力，也是形成企业与学校、社区政府和行业部门共同合作的关键所在。

企业与学校、社区教育资源的合作供给，最大的好处是扩大优质资源的集中与聚合，以促进并实现五方面的对接，即专业设置对接产业需求、课程内容对接职业标准、教学过程对接生产过程、毕业证书对接职业资格证书、职业培训对接生涯指导，此外，还有利于深化职业教育教学改革、提高职业院校人才培养质量和社会服务水平。这种关乎切身利益的合作机制不仅可以在一定程度上缓解职业教育资源投入的资金压力，也可以充分调动社会成员和不同主体参与到职业教育中去，还可以通过组合搭建互动交流平台，以满足多样化的教育需求、提供个性化的教育服务。有研究者指出：如果职业教育提供者采取策略在当地的社区中开发社会资本的话，他们不仅为社区做出贡献，自己也会从中获益；这些利益可能包括生源增多、教学质量提高以及为企业减少与毕业生的技能磨合期，从而为企业提供发展需要的更多资本。

企业参与职业教育就是作为社区成员组织把职业教育的利益相关者集聚起来，共同服务于职业教育发展，虽然不同的利益主体有着各自不同的价值导向，但是可以通过利益协调机制在某种程度上达成一种利益妥协或是形成一种价值糅合。首先是政府，政府对于保障公民权利负有重要的责任和义务。政府在职业教育资源调控中负有资源供应、制度建设、监督协调、调配管理等职责，“校企合作”或“政校行企合作”既有利于政府获得资源调配的政

治合法性，也有利于学生享受优质职业教育权益。其次是学校，诸如学校等教育机构作为专门的职业教育执行主体，多主体组织资源供给不仅有利于实现校内、校际职业教育资源的优化组合，使更多的资源参与到职业教育全过程，保障职业教育人才培养质量和规格，同时也可以大大提高职业教育效率和效益。其三是企业，企业作为人才接收方，优质且有规模保障的人才供应可以为企业提供人力储备和智力支撑，缩减企业的人力资源成本，提高企业的经济效益和市场竞争力；同时，行业协会之类的社会团体通过供给职业教育资源参与到职业教育的人才培养过程，可以实现校企等多元主体间的信息交流和职业发展引导，在实现企业自身利益的同时提高资源利用效率，以降低人才选聘的成本和人力选拔的盲目性，也有利于提升企业的品牌形象和社会影响。其四是受教育者，这里所讲的受教育者区别于传统理解的“在校生”，它包括不同年龄段和不同需求的利益群体。优质的职业教育资源供给能够满足不同层次的教育需求、不同发展阶段的多样化需要，从而个人的受教育成本、教育效率以及教育质量也可以得到最优质的保障。个人职业生涯发展以及毕业后或结业后的回馈亦是职业教育资源的一种供给，可以理解为一种反哺形式的供给，所以个人参与职业教育资源的供给也有利于实现个人价值与社会价值的统一、树立良好的回报社会的榜样。其五是产业，产业市场作为一个包含多个利益相关者的共同体，通过职业教育资源供给体系的建构，不仅有利于促进职业教育的持续发展与经济社会的良性循环，而且有利于促进全社会形成崇技尚艺、尊重人才的带动效应，并且对于在全社会建立起正确的人才价值观、职业选择观的良好氛围具有重要的推动作用。

2. 长效性的交往机制

交往机制是企业与其他主体发生联系的途径，既涉及各个独立主体之间资源、信息、知识的分享与交换，也包括合作伙伴之间的对话与交流。企业通过与行业特色对接的学校、与外部机构之间、与产业劳动市场的连续性交往，从而使各个主体达成长效性的交往关系。

交往关系的维持需要遵循四大原则：一是平等性，不同利益群体之间在交往过程中要有对等的投入与付出，企业、职业院校和政府、行业协会等组织所需要的东西要与对方能满足的东西对等，不能一边多一边少，一方有利可图一方不断亏损。二是包容性，即交往方不要斤斤计较，要以开阔的胸怀给予合作方肯定，避免因小事伤害感情造成关系的破裂。三是互利性，企业与各利益主体能开始交往关系的前提是有可以共享的资源，目的是自己能受惠于交换得来的资源，如资金、设备、人员、技术、信息、知识、社会资本等。四是信用性，企业在与各利益主体交往中由于协议规定不明确、真相揭露延时性等缘故可能会产生矛盾或冲突，而矛盾或冲突无法解决的根源就在与双方存在信任危机，可以说，没有信用的交往，将延缓合作进程与合作期限。

企业要与服务对象形成“长效性”的交往关系，既是体现其服务能力的目标要求，也是在市场经济条件下建设其品牌形象的重要举措。建立长效性的互动关系，一要创造和谐的交往环境，使企业内外部产生积极的互动，在内外部相互关爱与支持的过程中产生强烈的互动动力；二要提供频繁的交往机会，通过开展不同维度的活动增强联系；三要发挥有效引导的作用，在交往过程中根据计划适当调整角色定位，企业在服务职业教育的过程中不仅是服务者，还是支持者、促进者和管理者；四要建立多元的交往关系，如师生交往、生生交往、老板和员工的交往、企业和政府的交往等；五要处理矛盾的冲突关系，在承认各主体需求差异的前提下从公平公正的角度出发解决矛盾。教师鼓励学生积极追求，不断为学生提供更多的交流学习、实习实训的机会，并且通过借用行业企业、兄弟院校、社区伙伴等关系网建立的社会资本，邀请社会中技术师傅、高技能人才为学生面授，帮助学生拓展知识视野。

3. 有效性的组织机制

组织机制是使事情有序运行起来的条条框框，是企业参与职业教育社会责任的行动准则，它明确了企业与其他合作对象的分工和协调关系，并规定各部门或组织的职权和职责。

企业参与职业教育要能形成完整有效的组织机制一般需做到以下几点：第一，关于原则规定，应根据企业的目标和特点，确定企业开展活动的原则、方针和主要指标，如已经完成资本积累的老企业以捐款为主服务职业教育，成立不久的互联网企业以与职业学校合作的方式建设微课资源库，垄断性企业通过与政府签订协议帮助政府完成国民基础设施建设等；第二，关于职能分析和设计规定，规定企业职能部门的具体业务和工作，如人力资源部规划今年人才培养方案，市场部寻找合作院校，研发部开发技术项目，财会部做出拨款预算等；第三，关于联络方式，如相互联络人员的指定，联络平台的

沟通，协调人员的确定等；第四，关于管理规范，指规范管理流程、管理标准、管理方法和管理人员的行为规范的设计，目的是为了实现有效奖惩，对表现积极的人员给予鼓励，对贪污的人员给予惩罚等；第五，关于反馈和改良，将运行过程中的表现反馈回去，定期或不定期地对上述设计进行必要的修正。

当然，企业的组织机制是否生效还要看其外部合作对象的态度。即使是力量薄弱的一方，也不是被动地接受信息、机械地做出反应，而是根据自己的要求、兴趣去理解和分析对方的信息并做出积极反馈，调整自己的诉求，达到信息交流的目的。参与过程强调协同合作、双方获益，注重满足当地需求，促进区域发展，为个体、职业培训机构、企业发展提供服务与支持。

第四章　高职院校校企合作的实践成果与思考

校企合作是我国高职教育改革和发展的基本思路，也是高职院校生存发展的内在需求。多元化合作办学是高职创新办学机制体制的重要内容，也是学校努力的基本方向。基于多元化合作办学和提升合作办学内涵质量的根本要求，需进一步完善“工学结合”长效机制的建设，完善“责任明确、管理规范、成果共享”的“双导师”双向交流机制，完善“互利共赢、共建共管”的实践教学基地共建机制，使校企合作办学在具体的操作实施层面上有保障，从而实现多元化合作办学的格局。本章将以河源职业技术学院为例进行探究。

第一节　政校合作

政校合作培养应用型人才，是国际上职业教育培养高级技能型人才的常用模式。这一模式在我国的出现是必然的。它不仅是我国高职教育人才培养目标与规格的要求，而且是我国社会经济文化发展和产业结构调整的需要。河源职业技术学院秉承“厚德强技、服务地方”的办学理念，依托校企合作办学理事会，不断加强与政府合作，切实履行了地市高职院校服务地方的功能。

一、“政校企”联动机制

政校合作既是增强教育公共事务管理能力、提高教育公共服务水平和转变政府职能的迫切要求，又是高校培养高技能人才、服务区域经济发展的理智选择，具有十分重要的现实意义。依托校企合作办学理事会，河源职业技术学院实施“政校企”联动机制，全面加强与河源市“五县三区”（五县是指龙川县、紫金县、东源县、和平县及连平县，三区是反映源城区、高新区及江东新区）科技局、工业园管委会及大中型企业的合作，以专业群对接地方支柱产业，主动服务地方发展。

“政校企”联动机制是指学校采用“点—线—面”的框架模式，根据河源市“五县三区”的地理位置，把科技特派员分区驻点，通过驻点科技特派员对接相关区域的政府（主要是科技局、工业园管委会）、企业。当驻点科技特派员接到政府、企业的相关合作事项后，把信息反馈到校企合作办公室。校企合作办公室根据信息的分类，指定相关专业教师和相关科研团队进行对接，实现“以点带面”，全面实施校企合作。

该校先后与龙川县工业园管委会、和平县工业园管委会合作建立“产学研战略合作基地”，双方签订《产学研战略合作框架协议》。双方按照“优势互补、资源共享、互惠双赢、共同发展”的原则，建立校企合作伙伴关系，发挥各自优势，在学生实习实训、顶岗就业、专业建设、员工培训、科技攻关、教师下企业锻炼等方面展开全方位的合作。工业园管委会根据校企双方合作需求，积极牵线搭桥，努力撮合企业和学校达成合作，为校企合作深度开展提供有力的支持和保障。学校、工业园管委会和企业优势互补、资源共享，达到了三方共赢的局面。

“政校企”联动机制能实现多方共赢。政府方：各县工业园管委会、科技局通过河源职业技术学院科技特派员的调研报告，对所管辖的企业生产状况、行业发展前景了解更加深入；通过河源职业技术学院科技特派员对企业的服务工作，提高了企业的技术水平，提高了社会效益和经济效益，为园区能够顺利完成各项考核指标起了一定推动作用。学校方：在专业建设方面，专业的人才培养方案更加切合实际岗位，课程建设更加符合行业需求；在学生实习方面，解决部分学生认识实习、生产实习、顶岗实习等实习工作；在师资队伍建设方面，通过到企业进行技术服务，教师的实际研发能力、教学能力得以提升，同时可以聘请企业的能工巧匠担任河源职业技术学院兼职教师，师资队伍得以提升。企业方：企业的研发技术得以提升，企业研发管理文件及管理日趋完善，企业的人才需求得以解决，企业得到政府各项扶助资金越来越多，加快了企业的转型升级。

二、政府委托“村干部”培养

欠发达地区在实施新型城镇化的过程中，解决好“三农”问题是核心，而解决“三农”问题的关键是提升“村干部”的文化素质与管理水平。河源职业技术学院与河源市委组织部联合开办“村干部”大专学历教育班打破了常规的办学模式，设计了具有地方特色的教学模式与管理模式，走出了一条“村干部”培养的特色办学之路，实现了地市高职服务地方、服务“三农”的功能。

（一）培养模式创新

1. 政校合作模式创新

河源职业技术学院“村干部”大专班的最大亮点是创新政校合作模式，将政校合作、校企合作、校校合作融合在一起发挥作用的项目化职教集团办学模式，打破了常规的政校合作模式。

“村干部”大专班政校合作是指河源市组织部、财政局，各县委组织部、财政局，河源职业技术学院共同培养人才的模式；同时为加强该班的实践教学，在全市选择了15间现代化农场、农产品加工厂、企业等作为“村干部”教学实践基地，将校企合作融洽进政校合作中；另外，为优化该班的师资力量，由仲恺农业工程学院、省委党校、市委党校、河源职业技术学院、有关党政机关联合选派教师共同承担教学任务，将校校合作融入政校合作中，这三个模式融为一体，形成了项目化职教集团办学特色模式。

为了能更好地为河源农业发展、农村发展和农民发展提供专业的服务，在河源市委市政府的大力支持下，由仲恺农业工程学院、河源市委农办、河源市农业局和河源职业技术学院合作共建三农学院，统筹农业技术培训、农口专业大专、本科和硕士学历教育等工作，包括负责河源市“村干部”大专班的培养工作。

2. 课程体系创新

为实现高职院校服务地方、服务“三农”的功能，按照“缺什么、补什么，用什么、学什么”的原则，大胆创新课程设计，用全新的办学理念设计“村干部”大专班课程体系，课程体系具有非常强的通俗性、针对性、实践性、实用性。

3. 教学管理创新

（1）教师多元化。由河源职业技术学院邀请党政机关部门领导及省委党校、市委党校、仲恺农业工程学院等兄弟院校优秀教师授课，并建立师资库，实现教师多元化，要求教师必须“接地气”，了解并熟悉农村问题，并对每一门课进行全程录像，每门课程结束由全体学员对教学进行评价，评价的好坏决定下一次是否聘任。

（2）教材活页化。不使用统一的教材，由河源职业技术学院组织授课教师根据河源实际自编讲义，授课材料汇编成册，整合成《村镇管理专业系列教程》。

（3）理论学习与实践相结合。教学过程中高度重视“村干部”学员学习参与，每次上课都安排考察学习项目，通过参观示范村村务管理、农村文化建设、农村企业发展、农业示范基地、农村生态旅游等项目，使“村干部”学员更直观地学习优秀的管理理念和发展理念，拓宽工作思路。

（二）学生管理创新

1. 管理理念的创新

对“村干部”班管理，河源职业技术学院树立的理念就是持续为“村干部”服务，在校时做好管理与服务工作，毕业后通过各种方式认真做好后续跟踪服务工作，使“村干部”学员具有非常强的归属感。

2. 组建专门的“村干部”班管理团队

组建专门的管理团队对该班进行全方位的管理，“村干部”班管理团队如图 4-1 所示。

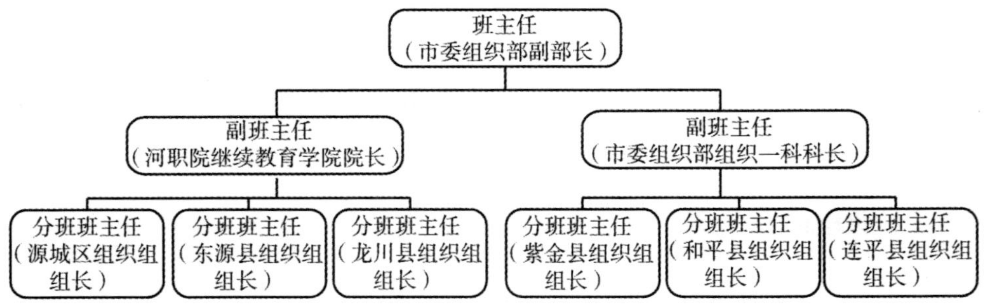

图 4-1　“村干部”班管理团队

（三）办学成效

1. 政府满意

河源市委组织部、各县（区）委组织部对办学非常满意，认为这是将高等教育资源延伸到乡村的典型人才培养模式，是“政校合作、服务农村”的经典案例，极大地提升了“村干部”的政策水平、管理水平、带领村民致富水平，这批高素质的“村干部”将对河源市农村未来的发展做出突出贡献。

2. 学员评价高

通过3年的实践，该班的办学取得很好的效果，许多“村干部”真切地感受到该班对自身素质提升的效果，从2013级、2014级两届“村干部”对教师的评价看，认为优秀的高达90.1%，良好7.2%，中等2.7%，学生普遍认为学到了许多实用的东西。

3. 社会评价好

为评价“村干部”大专班的效果，相关专家深入各级政府、农村（社区）进行调研，调研结果表明，通过培养，“村干部”的四大能力得到有效提升：一是政治素养大幅提高；二是政策水平大幅提升；三是村务管理水平大幅提升；四是带领村民致富能力大幅提升。

（四）启示

该模式经过3年的实践，收到较好的效果，实现了地市高职院校服务地方、服务“三农”的功能，称得上是地市高职院校“政校合作、服务农村”的经典案例。该班办学的成功关键在于：一是搭建好平台，设立三农学院、举办“村干部”大专班等做法就为高职院校服务农村建设发展搭建了人才培养的良好平台；二是创新办学特色模式，河源市“村干部”大专学历教育班坚持从农村来、到农村去，一切依靠农村、一切为了农村，办学贴近农村，富有成效。

该班办学模式的成功也给高职院校合作办学以下启示。

1. 和谁合作的问题

开展“政校行企”合作是高校办学过程中常见的模式，这里的“政”是政府、“校”是学校、“行”是行业、“企”是企业。在这些合作中，校企合作最普遍、校行合作最突出，而政校合作最早有。可见，高职院校开展合作办学的选择很多，以突破性思维寻找合作办学的主体在很大程度上决定了合作项目的创新性。

2. 合作什么的问题

合作办学的内容很多，除了上述介绍的大专学历教育项目外，还可以是培训、实习实训、科技服务及其他社会服务项目。常规性合作项目的开展只能作为一般工作来做，而要想凝聚特色、树立典范，还必须在合作项目内容上下功夫，寻找既符合学校情况又有利于合作方的创新项目，或是在一般性项目上进行新的模式创新。

3. 怎么合作的问题

协同创新是政校合作的关键。协同创新多为企业内部形成的知识（思想、专业技能、技术）分享机制，特点是各独立的创新主体拥有共同的目标、内在动力，依靠现代信息技术构建资源平台，进行多方位交流，多样化协作；协同创新是指创新资源和要素有效汇聚，通过突破创新主体间的壁垒，充分释放彼此间人才、资本、信息、技术等创新要素的活力而实现深度合作。协同创新将使合作更深入、全面、科学和可持续。

4. 角色定位的问题

传统的合作通常是学校主导的，因此，合作很难跳出教育本身的框架去创新，合作方常常是“被合作”，被学校主导，这种合作很难真正将社会资源很好地融入合作项目中。将“学校主导”转变为合作方“共同主导”，才能真正发挥各方的聪明才智，充分利用各方的资源优势，做到优势整合和利益最大化，提升合作的实效性。

三、政府委托“五年一贯制”人才培养

探索“五年一贯制”委托定向人才培养模式是政校合作的主要内容之一。“五年一贯制”是中高职衔接的重要形式，由高职院校统筹安排和整体设计人才培养方案，避免了中高职衔接过程中教学内容和课时安排的重复，保证教学过程的系统性、完整性和连续性。“五年一贯制”模式在人才培养实施过程中的优越性，得到政府、院校、学生三方的认可和欢迎。

河源职业技术学院先后与惠州市博罗县政府和河源市政府联合开展“五年

一贯制”委托定向培养工作。2011 年，惠州市博罗县政府为解决小学教师年龄断层和学科结构性短缺问题，由博罗县教育局牵头制定《博罗县定向培养农村小学教师实施方案》，委托河源职业技术学院定向培养“五年一贯制”大专师范生 60 名。招生对象为博罗籍初中应届毕业生，学生就读时与政府签订《农村小学教师定向培养协议书》，政府承担培养经费，解决学生毕业后的就业人编政策。同样，2014 年河源市政府制定《河源市农村小学教师培养机制改革方案》，委托河源职业技术学院定向培养河源籍初中起点“五年一贯制”大专师范生 200 名。实践表明，“五年一贯制”委托定向培养模式已成为改革农村小学教师培养机制，提高农村义务教育质量，促进城乡教育均衡发展的重要举措。

第二节　校校合作

校校合作，即学校与学校之间结成战略同盟，发挥各自学校的优势，取长补短，资源共享，实现共赢；校校合作可以在强校之间形成，也可以在强校与弱校之间开展。可以打破区域、行业局限，实现优势资源共享，可以共享先进的仪器设备、高水平的师资队伍、充足的实训场所、完善的教学管理制度、最新的教学信息等；校校合作的开展，可以改善教学资源配置结构，提升教师队伍授业能力，提高学生专业技能，扩宽学生就业渠道，促进学校教学质量和学生能力的提高。因此，校校合作对当前形势下高职院校的发展尤为重要。2012 年初，教育部《关于全面提高高等教育质量的若干意见》（教高〔2012〕4 号〕第二十三条提出：建设优质教育资源共享体系。校校合作具体包括：加强高校间的开放合作，推进教师互聘、学生互换、课程互选、学分互认；实现区域内高校资源共享。中高职衔接是指中等职业教育与高等职业教育在政策法规、招生录取、人才培养方案、专业设置、课程结构及课程内容等方面的相互衔接、共同合作，共同培养高素质技能人才的教育模式。实施中高职衔接，构建科学、完善的现代职业教育体系，是党中央和国务院关于职业教育的一项重大战略决策，是新时期职业教育改革发展的重要任务。国家层面专项规划《国家中长期教育改革和发展规划纲要（2010—2020 年）》及《现代职业教育体系建设规划（2014—2020 年）》对中高职全面衔接，产教深度融合、校企合作提出了具体要求。

高职院校加强与中职院校的教育合作。河源职业技术学院与其他中高职院校在教育教学管理、师资队伍建设、校园文化、实习实训等方面加强交流与合作，积极探索“五年一贯制”委托定向培养新模式和“三二分段”中高职衔接人才培养，搭建中高职教育“立交桥”。

借助理事会这一平台，河源职业技术学院先后与理事会各中等职业学校合作举办中高职学历教育，与中职学校、行业、企业共同研究与探索专业、人才培养方案、课程结构及内容的有效衔接，逐步建立和完善区域内中高职教育的衔接通道。例如，与河源理工学校积极探索中高职衔接协调发展，与广东技术师范学院探索专升本协调发展，努力构建现代职教体系。

河源市教育局大力支持“三二分段”中高职衔接人才培养工作，积极主导和统筹区域内中高职教育衔接工作。依托理事会，河源职业技术学院多次联合中职学校召开教务科长、招生办主任、专业负责人专题会议，共同研讨、制订对口招生专业人才培养方案、教学计划，共同审定开课教材，研究转段选拔考核方案等。政府积极主导，校校紧密合作，为中高职衔接教育改革工作营造了良好的发展环境。经过3年探索与实践，目前河源职业技术学院“三二分段”模式中高职教育基本实现有效、全面衔接。2014年，河源职业技术学院“三二分段”对口招生推广到应用电子技术、旅游管理、模具设计与制造、计算机应用技术4个专业，与河源市职业学校、河源市高级技工学校及紫金职业技术学校3所中职学校开展对口招生工作，招生总人数增至200人。

第三节　校企合作

校企合作主要体现在校企合作育人、校企合作就业和校企科技合作三方面。

一、校企合作育人

河源职业技术学院依托校企合作办学理事会，搭建了合作育人的实施平

台。例如，与广州金霸建材有限公司东源分公司等共建模具专业人才协同育人中心，以及基于“四合”理念的旅游类专业“政行企校”协同育人联盟；与东浩企业管理咨询服务有限公司、御临门温泉度假村、万绿湖旅行社大学城营业部等实施“厂中校”“校中厂”人才培养基地共建项目；与东源县然生化工有限公司、源森家具等企业共建研发中心、企业工作室、技师工作室。

得益于多元办学格局的形成，有广东雅达电子有限公司、河源湧嘉实业有限公司等多个合作企业参与各二级学院的专业建设和人才培养方案的制订，共同创新专业课程考核与学生评价体系，共同培养专业技能型专兼职教师，共同开发实用性教材，共同建立实训基地，共同开展师生技能大赛，共同开展就业和创业教育。

河源职业技术学院与企业深度合作，开展“订单”式人才培养。订单式人才培养是产教融合的重要形式。企业可将生产实践和生活实践方面的经验，如新知识、新技能、新工艺和新方法等，直接融入高职教育，从而实现课程内容与职业标准对接、教学过程与生产过程对接。这将大大提高学生的岗位适应能力，使学校培养目标和企业需求对接，增强人才培养的针对性和适应性。例如，河源职业技术学院与广东汉能薄膜太阳能有限公司合作开办“学徒制汉能储干班”；与河源巴登新城投资有限公司开办“巴伐利亚储备干部班”，探索“现代学徒制”育人模式；与广州金霸建材有限公司东源分公司合作成立金霸学院，开办“金霸班”，实施校企协同育人，形成了“金霸模式”；与广东三友集团依托客家文化学院首次开设创新性、公益性的“三友班”，并实现企业课程学分置换，为河源市客家文化人才的培养进行了有益探索；与御临门温泉度假村在酒店和旅游管理等人才培养方面深度合作，开设了“御临门温泉管理班”；学校乐途数字媒体设计工作室与河源市源森家具有限公司合作，设立“源森家具电子商务部”，联合探索人才培养和技术服务新模式。

二、校企合作就业

河源职业技术学院通过与校企合作办学理事会企业深入合作，通过建立“源头合作”关系，扩大了订单班数量，每年定向就业学生的人数超过500多人；与河湧嘉实业有限公司、紫金御临门温泉度假村等签订了订单班培养协议；与河源绰铿电子有限公司共建“SMT贴片装配车间”，与航嘉（河源）

工业园公司共建“模具开发基地”等“校中厂”；与广州金霸建材有限公司东源分公司共建“金霸学院”，与河源巴登新城投资有限公司共建“巴伐利亚庄园（巴登·DD庄园）”等“厂中校”；每年为合作企业定向提供近2000名技术技能型人才，面向社会企业实现了20000人次的教育培训和技能鉴定，获得了良好的社会效益和美誉度。通过加强与理事会内高级技工学校等其他院校合作，逐步实现了理事会内院校学生共享就业信息和资源；而且在理事会成员单位内部形成旨在针对毕业环节的“供需洽谈会”常规制等，促进了合作就业新观念的形成，拓宽了就业渠道，创新了合作就业模式，形成校企合作共担就业新模式，实现了共赢目标。

三、校企科技合作

校企合作办学理事会以协同创新科技项目合作为重要载体，凸显了理事会在区域的科技合作、管理和运营的优势。

通过校企合作理事会，依托相关规模或优势企业，以模具、数控、电子应用、旅游管理等优势专业为依托，把学校的人才、技术、信息、实验设备等优势与河源市行业企业社会资源相结合，开展了区域或行业企业发展中关键共性技术的研究开发和转化推广，开展了发展战略、规划、管理等重大现实问题的研究，提供了技术或智力咨询服务。

以东源县然生化工有限公司为合作主体，共建了“河源职业技术学院—东源县然生化工有限公司快速成型技术研发中心”；以广东融和生态发展有限公司、中兴绿丰发展有限公司等合作主体，拟共建“现代生态农业与食品加工工程技术开发中心”；以广州金霸建材有限公司、河源富马硬质合金股份有限公司、河源龙记金属制品有限公司、深圳康铨机电有限公司等为合作主体，共建“金属天花吊顶系统工程技术开发中心”；以深圳市攻玉坊数码影像有限公司为合作主体，共建“城市三维数字表现技术研发中心”等。其目标是建设成为科技开发、推广和服务的基地，高技术应用和职业技能人才培养培训基地，产学研结合的基地。

学校实施科技特派员分区驻点工作机制，校企联合培养创新人才，联合转化推广科技成果，攻克关键技术问题，联合申报各级课题、高新企业、工程中心、科技示范基地、科技孵化器等，协助企业构建科技创新体系。

第五章　新时期我国高职院校校企合作的治理与制度创新

治理（governance）概念源自古典拉丁文或古希腊语“引领导航”（steering）一词，原意是控制、引导和操纵，指的是在特定范围内行使权威。它隐含着一个政治进程，即在众多不同利益共同发挥作用的领域建立一致或取得认同，以便实施某项计划。正如格里·斯托克指出：治理的本质在于，它所偏重的统治机制并不依靠政府的权威和制裁；治理的概念是，它所要创造的结构和秩序不能从外部强加；它发挥作用是依靠多种进行统治的以及互相发生影响的行为者的互动。因此，我们认为在优化我国职业教育校企合作的治理中，关键注重如下几个方面：一是新时期我国职业教育将被一种什么样的发展观引领，这涉及职业教育发展方向的问题；二是给职业教育提供什么样的制度，即政府所提供的有关制度决定着社会力量能否进入或怎样进入职业教育治理领域，并且对其他治理主体进行必要的资格审查和行为规范；三是提供什么样的政策激励，即需要政府在行政、经济等方面采取什么样的鼓励和引导措施；四是外部约束。职业教育的治理也需要“裁判员”，政府应依据法律和规章制度，对其他治理主体的行为进行监督、仲裁甚至惩罚等。

第一节　新时期我国高职院校校企合作的实践哲学指导

近年来，随着整个社会的转型和发展，我国职业教育的发展面临着更为复杂的发展环境，这给职业教育带来新的发展机遇和挑战。一是技术的变革。由于“互联网+”、人工智能等新技术的普遍应用，给企业商业运作方式、生产组织方式等带来的改变，对未来员工的能力需求逐步由强调单一的专业技能转向综合的通用技能。二是经济发展方式的变革。新技术的广泛应用引发了中国经济发展模式的根本变化，智力资本将成为经济发展的决定因素，更多的劳动力需要更高水平的知识和技能才能在新技术产业中找到工作。与此同时，越来越多的企业员工也渴望获得更高水平的教育和实践技能培训。三是人口变化的因素。在技术与经济发展方式的变革进行之时，我国的少子化与人口老龄化也正在加剧，随之职业教育的对象由过去的适龄学生拓展到职前培养员工、在职培训员工以及老龄人等。四是职业教育自身进入新的发展阶段。中国特色社会主义进入新时代、开启全面建设社会主义现代化强国新征程，党的十九大明确提出“完善职业教育和培训体系，深化产教融合、校企合作”，标志着我国职业教育发展战略已从“加快发展、构建职教体系”转向“完善体系、构建技能强国”，指引着我们办好中国特色、世界水平的现代职业教育，在2035年前后实现教育现代化的宏伟目标。

实践作为一个重要的哲学概念，几乎为所有的哲学家所使用，也成为任何一种社会活动的行为逻辑。教育作为有目的、有计划地培养人的社会活动，是人类社会所特有的实践，这就决定我们对“教育是什么”的考察必须置于实践论而非认识论的视域之中。职业教育亦如此。长期以来，在传统学科思维逻辑下，职业教育的发展常常受到思辨或理论哲学的指导，强调运用逻辑方法作为职业教育改革发展追求目标的根本手段，以力求通过概念、范畴和逻辑体系对职业教育作出完整、圆通的解释说明。诚然，基于思辨哲学的职业教育理论基础，有助于对职业教育基本问题及其逻辑关系的探索、揭示和解读，有利于从理论层面和实践层面对职业教育基本问题进行解析，即职业教育理论体系方面的基本问题和职业教育形成和发展过程中实际存在的基本问题。不可否认，提出并研究职业教育基本问题有利于职业教育研究地位的确立、本质认识的加深、学科视野的拓展及理论体系的完善，在一定程度上是职业教育学科走向丰富、完善和成熟的重要前提。

一、实践哲学与职业教育的现代意蕴

实践并非一个新概念，从中西哲学的历史来看，有关实践的讨论绵绵不断。就西方哲学而言，最早对实践进行系统分析的是亚里士多德。在亚里士

多德那里，对实践的理解主要与伦理政治领域相关。他将人的活动分为理论、实践和创制，相应的知识或思想也可划分为理论知识、实践知识和制作或生产性知识。在他看来，实践与理论和创制不同，它把握的不是事物普遍的本质，而是一个个具体的事物，不是将物变好的技艺活动，而是将人变好的伦理活动。亚里士多德的实践哲学对以后的西方实践哲学产生了深刻的影响。后来，康德继承了亚里士多德对实践的理解。通过对理性的批判，康德将理性功能和活动分为理论和实践两个方面，并据此在两个不同的领域（世界）上进行。前者主要是通过对现象世界和经验世界的问题的理解来解释知识和科学，后者主要是通过信仰和解决问题来解决本体世界问题。康德之后，西方哲学开始了对传统的批判，其矛头主要是针对投机或理论方面。实践哲学已成为哲学发展的潮流，但仍然具有较强的思辨哲学性，但并不是所有的哲学都走向实践哲学。一般来说，实践哲学有两个含义：一是作为哲学的性质，与思辨哲学、理论哲学相对；二是作为知识学科的名称与第一哲学、本体论、知识论相对，在哲学史上主要表现为伦理学、政治学、宗教哲学等。自此，对事物的认识不再致力于建构大而全的概念范畴体系，转而强调行为、实践的首要性。

不同的时代、不同的历史时期，为“职业教育”赋予了不同的时代内涵。在国际上，“职业教育”概念明确出现在18世纪之交的欧洲。中世纪以来，职业教育一直以“学徒制”形式存在，其教育内容与教学方式便与人们的生产方式和日常生活联系在一起，而相对成熟的职业教育与培训发展的初始阶段主要发轫于中世纪时期兴起的工匠手工业的培训和行会制度的发展。在行会成立后的几个世纪里，欧洲国家的职业教育和培训非常相似，其模式主要是基于行会学徒制的形式存在并延续。进入19世纪后，随着工业革命的进程以及城市的出现，一些西方国家开始以学校的形式进行“技术教育”。如英国最早设立务实的学校即学园，后来为“实科学校”；美国早期的以传授实用知识和技能的“文实学校”。随着经济、科技和社会发展，以教育成本低并以培养高级应用性和技术性人才为特点的专科学校，如技术学院、多科技术学院、教育学院也在欧美发展起来。几个世纪以来，对于“职业教育”这个概念，尽管不同的国家在不同的时期有不同的表达方式，但是就内涵而言已经达成共识。1974年，联合国教科文组织在其《关于技术与职业教育的建议》中提出了“技术与职业教育”，其含义如下：①普通教育的一个组成部分；②为某一职业领域做准备的一种手段；③继续教育的一个方面。1998 年，联合国教科文组织正式批准的《国际教育标准分类法》规范使用了“职业或技术教育”的概念，并理解为“主要为指导学生从事特定职业或某专业类职业中从业所需的实用技能、专业知识和认识而设计的”。在 1999 年韩国首尔举行的第二届世界职业教育大会上，教科文组织在其正式文件中首次使用“技术和职业教育与培训”（TVET）一词。2001 年再次修订了《关于技术与职业教育的建议》，职业教育的内涵更加丰富：①普通教育的一个组成部分；②准备进入某一就业领域以及有效加入职业的一种手段；③终身学习的一个方面以及成为负责任的公民的一种准备；④有利于环境的可持续发展的一种手段；⑤促进消除贫困的一种方法。2012 年，在中国上海举行的第三届世界职业教育大会则提出用“职业技术技能发展”（TVSD）来替代“技术职业和教育与培训”（TVET）。2019 年 1 月，我国国务院正式印发了《国家职业教育改革实施方案》，该方案开宗明义地阐述职业教育和普通教育是两种不同的教育类型，具有同等重要地位。这是非常重要的一个新判断，开启了职业教育发展的新征程。

通过对职业教育概念与名称演化的梳理，我们可以清晰地看到职业教育与培训的意蕴逐渐呈现一种规律：首先，内涵上由“就业准备”扩展为“从业所需”中隐含了创业教育和终身教育思想；其次，外延上突破了“作为普通教育的组成部分”的框框而形成初、中、高体系。这些变化，不仅仅是字眼和名称的变化，而是随着时代的发展人们对职业教育内涵的理解正开始逐步由最初的思辨理论哲学思想角度转向实践哲学思想角度。在全球化的背景下，职业教育概念需要更加清晰化，特别是要更加强调技能培训。职业教育需要范式的转变。新的范式需要考虑劳动力市场的需求，同时也需要帮助学习者去开发他们自身的技能，增强他们的发展潜力，满足受训者终身学习和发展的需求。自第三届世界职业教育大会举办以来，国家职业教育政策发展和其地位提升上取得了重要的成绩。同时，可能需要完善和扩大职业技术教育与培训的概念，以便在培养特定职业所需能力的同时，更加注重关键能力，同时让人们普遍了解职业教育包含在多种不同环境下进行的正规、非正规和非正式学习。随着世界范围内新技术革命的深入发展和信息产业的迅猛崛起，对从业人员素质的要求不断提高，职业教育内容中的“技术含量”也在不断增加。此外，随着各国教育、培训和就业部门之间合作关系的加强，教育、

培训和就业相互隔绝的状况也有了明显改变，职业技术教育已成为由职前教育、就业培训和在职培训构成的统一而连续的过程。

就本书而言，“职业教育”在概念范畴上包括：正式和非正式的技术教育、正式和非正式的技术培训、正规和非正规的职业教育、正规和非正规的职业培训、职业先修教育和培训、多元化的职业中等教育、政府办和私营职业技术教育与培训、技术和职业再培训。在内涵上，认为“职业教育”应是包括一系列教育、培训和发展活动的统称。职业教育需要采取或制订明确的哲学原则以指导、支持或创造改变工作场所的做法。为了满足当今和未来工作场所的需求，教育工作者必须意识到促进职业技术需求和个人发展的哲学。为此，实践哲学也为职业教育提供了新的哲学观点的认识，即让学生们自信并能在成功的职业生涯中获得好工作，以及保障他们能过上舒适生活的收入；让一个接受高度训练的人能胜任今天和未来所需技能的行业；接受良好职业培训的劳动者能够获得合理的高薪和福利；给社会的回报是低失业率和高生产率，同时保证政府有良好的税收并为职业教育买单。

二、实践哲学视域下的职业教育发展考量

对世界各国职业教育体系的发展与演化进行历史审视，我们可以得到更为深层的历史规律：一是各个国家职业教育体系的形成与演变，都是其内在扎根于历史、政治、经济、文化等社会要素相互作用的结果；二是职业教育发展也往往与教育内部诸多要素的发达程度和博弈均衡，职业教育的发展样态通常也是内部各主体之间博弈的产物。因此，基于实践哲学指导的职业教育发展，更需要我们在职业教育体系内部进行全面的审视。在此，本部分拟勾勒一个职业教育发展的考量要素。

（一）终身教育与人的终身职业发展

进入 21 世纪，崭新的科技、经济和社会进步给人类生活带来了新的时代特征：全球化造就了“地球村”，知识经济带来了知识工人，终身教育营造了学习化社会，网络时代铺设了信息化高速公路，市场经济提供了公平竞争的舞台，等等。这些时代特征全面加速了世界社会、经济、文化的深刻变化，给人们在工作、家庭和社会中普遍适应新生活环境的需求产生了重大影响。

我们传统的工作场所已经发生了重组，人们的工作和任务被一系列崭新的技术进行了重新设计，新的企业和工作形态已经替代了过去传统的工作，这也必然对职业教育产生深远的影响。在这种情况下，过去的作为一个单一的完整工作生活的准备、旨在提供一次性教育和培训的职业教育模式已经不再适用。人们现在必须保持对知识和技能的终身追求，努力跟上迅速变化的工作和家庭环境。因此，职业教育必须适应不断进行的外在需求变化，并在相关的课程和机制之间建立内在联系，以便在多个教育渠道之间进行适当的转换。为了给学生提供必要的灵活性以及在具体的变化领域定期重新设计课程材料，课程建立在一个模块化的结构上是可取的。在可能存在相当大的区域内工人流动性的情况下，更希望这些模块化课程结构在国家间合作区域基础上得到标准化。

（二）正式与非正式职业教育

非正式的职业教育一词是用来描述有组织的正式教育过程之外的技能发展，通常是发生在工作场所。它通常包括通过与上级或同事进行非正式讨论获得技能和知识，以及复制和实践同事使用的工作流程和解决问题的技巧。这种技能的获得可以是非常有效的，并产生与工作场所特别相关的能力。随着时间的推移和各种相关的工作经验的积累，工作人员也可以具备高度的技能转移能力。职业教育中的一个关键问题是如何认识和认证以这种方式发展的知识、技能和态度。通常这些工作人员在已经具备相关技能的情况下，必须进行正式的教学以满足许可或认证要求。这不仅是对职业教育与培训资源的不必要的重复和浪费，而且浪费了学生和职工的时间，可能会使他们不仅从学习中退学，还可能从劳动力队伍中撤出。因此，许多国家正试图改善正式和非正式职业教育之间的联系，特别是在评估正式计划以外的权限。

（三）长期与短期职业教育目标的契合

与上述问题相关的是关于职业教育与培训是应该关注短期还是长期目标的持续争论。赞成短期目标论的人认为，工业生产力最好是通过集中培训工人在工作场所立即需要的技能和知识。如果要求人们在特定的应用中使用特殊的技能，那么他们应该在使用这些技术之前得到详细的指导，由此保证工人的能力和高质量的产品。通常用来支持这种方法的一个观点是一个人在一

套技能或知识方面的能力会随着时间的推移迅速下降，除非经常实践或刷新。以焊接工人为例，三年前他学到的特殊的焊接技术不可能继续适用于工作，除非在近三年中一直使用；此外，焊接技术很可能会在这段时间内通过升级设备或改变使用的程序发生改变。而持长期目标论的人认为，短期职业培训的做法是浪费的，可能会创造一个对变化反应迟钝的不灵活的劳动力。由于每种新技术或新任务在引入之前都需要特殊的指导，因此在服务或生产过程中不可避免地存在实质性的培训延迟。根据这一理论，首选的方法是培训工人的适应性，并将他们的技能和知识从一代技术、设备或工艺转移到下一代。这些工人的教育水平更为全面或综合，而且教授的技能更为通用。另外，鼓励员工认识新旧之间的异同，并相应地调整自己的技能和知识。这种长期的方法通常包含在正式的技术教育机构内，而前一种短期的方法通常是非正式或以工业为基础的职业培训。这两种方法在支持论证方面都是合理的。然而在实践中，最有用的选择总是两者的结合。然而，由于较早期的综合技术教育，工人能够轻松吸收新的知识和技术，所以所需的培训程度被最小化了。要避免的危险是政策的两极分化，因此许多国家正在设法通过改进两者之间的协调，并将两者作为一个整体、综合的职业教育进程的基本组成部分来联系更为密切的职前职业教育和在职培训。

（四）普通教育与职业教育的关系

无论是发达国家还是发展中国家，围绕普通教育与职业教育关系的问题长期以来一直是争论的焦点。关于哪个观点更成功，始终没有确定的答案。事实上，有些国家是作为主要的职业教育主旨有效运作的。例如，在日本，中等教育的主要推动力是朝着普通教育的方向发展，几乎没有证据表明像许多其他发达国家和发展中国家那样采取职业化中等教育的举措。在许多国家也没有正规的高等技术教育体系。相反，职业教育的主要目标是在工作场所为企业的所有员工提供与特定企业的流程和产品相关的特定职业培训。中等教育的普通教育方式和正规的高等职业教育的目的是发展高水平的认知技能，包括识字和计算能力。McCormick 声称日本的教育过程是作为一个人才分类系统，在竞争激烈的日本劳动力市场上，雇主重视正规职业教育体系取得的成绩，因为成绩可以表明其一般能力和勤奋的程度，他们并不期望被选中的新员工具有许多有用的具体职业技能；一旦新员工成为公司的一部分，具体职

业技能都是通过内部培训来发展的。McCormick 指出，日本雇主的这种做法在日本被反映为一种文化规范，在这种规范中，能力加上艰苦的努力造就成就，从而造就其精英地位和就业能力。因此，日本家庭内部每个成员都有相当大的压力来帮助孩子们在学校内外学习。学业成就不仅是就业的关键，也是成就事业的关键，是一个家庭的勤奋和荣誉。这个例子强调了文化价值和习俗如何影响某个国家的教育和职业教育体系的重要性。与日本的做法相反，澳大利亚、英国等一些国家正在推行的政策则更具体地将职业重点纳入中等教育和正规高等职业教育。这部分是为了应对青年失业率上升以及让离校人士在劳工市场上更具竞争力的需要；另一个因素是需要在高年级课程中提供职业选择，以满足越来越多留在学校但不渴望接受高等教育的学生的需求。因此，这些国家的主要做法是通过有关机构建立职业技能标准（如英国的 NCVQ 和澳大利亚的 NTB），并将基于能力的教育和培训科目引入中学课程，同时注重评估和认证系统的可用性。

许多国家正在发生中等教育职业化倾向，多数情况下主要是应对青年劳动力市场高失业率。需要特别说明的是，这类政策所针对的教育和培训项目与相关的就业创业举措相关，这进一步凸显了将职业教育政策与政府和行业的其他政策结合起来的重要性。只有职业培训在促进就业的前景方面得以改善，青年失业的问题才会得到缓解。另外，随着产业转型升级以及人工智能等领域的应用，劳动力市场的就业需求正在发生萎缩；同时劳动力市场的诸多就业门槛的资质和要求提高，因此，新增劳动力的就业机会仅仅是依靠现有存量工人的离职，这就势必会水涨船高地提升职业教育的成本。随着时间的推移，这往往会导致职业资格和相关的培训需求开始由劳动力市场决定，而不是基于职位本身的技能和知识要求，这会给职业教育市场带来不必要的附加成本，久而久之会削弱这些企业和国家的竞争力。

针对我国的现实情况，必须明确新时期普通教育与职业教育的关系，二者必须加强融通、相互支持、相互补充。职业教育是与普通教育同等重要的教育类型，而不是普通教育的特殊形式，更不是普通教育的附庸和辅助性的教育形式，职业教育的人才培养与普通教育培养的学术和技术研发人才同等重要。

（五）技术转让与培训的可转移性

职业教育在一个国家和地区的技术转让、开发和使用过程中起着至关重

要的作用。职业教育显然是创新链的重要一环，教师必须与他们的行业同事密切联系，开发和修改新的本土技术及其在当地工业中的应用；反过来，教师必须在课程中加入有效利用新技术所需的技能、知识和工作态度。

人们在工作或家中同样需要发展必要的技能，将以前学到的知识、技能和态度转移到新的工作或生活中。无论是学习操作计算机还是家庭影院、人工智能洗衣机、新车，无论是学习操作新型数控车床、制造机器人还是综合办公计算机系统，都必须具备能力来适应新的形势。因此职业教育必须更有意识地教导人们如何学习。不仅要求教授课程的职业目标中所规定的技术内容和性能，而且还要教授学生学习过程本身。在未来竞争激烈的就业市场中，快速适应新设备、工具、材料或工艺的能力很可能成为日益重要的因素，将这些转移技能目标纳入未来课程至关重要。

三、实践哲学观下我国职业教育的发展思考

（一）普通教育与职业教育的均衡

随着我国教育（尤其是高中阶段）普及化进程的加快，围绕普通教育与职业教育在整个教育体系中的比重问题一直是近年来我国教育结构争论的一个焦点问题。从发达国家和发展中国家的经验可以看出，普通教育和职业教育都有重要的收益。普通教育在提高学生认知技能、识字能力、计算能力和综合知识，促进面对变化时的适应能力，以及将现有知识和技能转移到新情况的能力具有基础作用。而职业教育则提供了即时有用的技能，并使学习者有机会在特定的工业流程或操作中发挥作用。国家应该努力确保这两种教育形式的合理结构，必须谨慎行事，避免陷入极端。在考虑具体的职业教育课程时，应针对属于国家经济和工业发展计划一部分的工商业产品和服务。

（二）与经济社会发展相协调

国家和地区层面的职业教育相关工作人员应确保与参与规划经济和工业发展的政府和行业保持联系。应该建立信息交流系统，定期讨论职业教育与工业、经济计划之间的关系。应鼓励职业教育中各个社会利益相关者的协同参与，参与职业教育的规划、人才培养的改革以及邀请利益主体就计划的影

响提出意见或评论。最重要的是需要确保经济、工业规划者和决策者了解职业教育在支持发展方面的关键作用以及设计和实施职业教育行动所需的时间。应该在规划倡议开始时就征求各利益主体的意见，以便在计划被锁定之前提出建设性的意见。这种参与还使得职业教育代表能够进行必要的初步活动为经济、工业发展做准备。

（三）探索教育与行业合作的新模式

职业教育和工业部门增加合作的一些选择是：①在职业教育和工业界共同建立信息交流沟通平台，联合共享培训设施。工作人员之间加强交流，使职业教育加深对当前行业技术的认识，并使行业企业扩大培训专业知识范围。②联合展开项目合作，职业教育的人员参与行业的研究和开发，使职业教育和工业界可以合作参与技术转让。③企业能够聘用职业教育工作人员从事工业培训项目，职业教育机构也能顺畅地聘请行业人员参加基于职业教育的培训项目，工业部门和职业教育机构之间进行培训师相互培训活动。④工业部门能够与职业教育机构合作，包括向其他国家出口技术和培训项目等。

（四）建立行业技能标准

为确保提高国家内部和各国资格认可度，一项举措便是建立国家或地区技能标准。这涉及三方发展和认可一套确定工商业内贸易和其他职业的技能标准。这些技能标准可以作为课程开发的基准用于基于能力的绩效评估或工业奖励或职业许可、注册过程中的职业分类。标准通常基于可控制的条件下必须在规定标准内执行的可评估任务或操作。技能标准是建立国家职业资格认证程序的重要手段，如英国国家职业资格委员会或最近在澳大利亚设立的国家培训委员会。

（五）应对青年失业者的挑战

青年失业问题对于任何国家都是一个关键问题。职业技术教育与培训在为已离开学校且需要在困难的劳动力市场上竞争的年轻人提供教育和培训机会方面发挥着关键作用。这种方案的主要目标是：为年轻人提供对雇主有吸引力的职业技能基础，提供求职技巧，让年轻人顺利找到合适的工作，以最有利的方式展示自己和技能，并能在将来采取合适的学习计划来克服工作中

的技术困难。然而，在大多数国家，青年失业水平是一个巨大的问题。雇主往往喜欢更有经验的工人。他们不愿意为缺乏经验和一般背景的年轻人支付大量薪水。因此，针对青年失业问题的培训计划必须采取综合战略，在培训方案所针对的领域创造就业机会。这可能需要采取一定的措施，比如鼓励小企业建立合作企业，把现有产业扩大到新市场，这些举措将导致更多的青年劳动力需求；教育、劳动、就业和工业发展部门之间的合作战略，以确保青年具有竞争力，行业发展与培训举措相联系，解决劳资关系问题；向年轻人提供有关培训计划的充分信息，以及特定培训与未来工业发展和相关工作机会的密切关系；为雇员和雇主提供足够的信息；参与工业和经济计划，确保将培训计划毕业的青年工人纳入其计划和发展战略。

（六）优化职业教育资源配置

制约各个国家职业教育发展的一个长期问题便是职业教育成本高而政府资金有限。为此，各国正在探索解决这些困难的各种方法，并进行各种尝试，包括：①征费/赠款计划；②包括学生和雇主在内的福利制度；③职业教育机构与行业之间的合作项目（分担运营成本）；④有奖学金或者免除制度的报名费；⑤鼓励自由企业私人培训机构提供政府认可的机构和课程；⑥培训券计划，使政府能够帮助那些没有钱支付不可避免的大额入学费用的弱势群体；⑦使用可以进行自学或在职学习的合格评定机构，并根据考核结果取得合格证明。有限的职业技术教育与培训资源能够专注于那些无法以这些方式发展能力的人提供更多结构化的学习环境。上述做法都有其优点和缺点，在一个国家工作的基于技术的解决方案不一定适用于另一个国家，似乎没有一个适合任何国家情况的万全之策。在此情况下，一个国家的资源配置战略应该把资源集中在最优先的需求上，并找到创造性的方式分担培训的成本。必须始终采取特殊措施，确保获得教育、财务或其他形式的利益的公平。教育技术的使用可能提供一种更经济有效的职业教育的手段，但应该注意评估真实的收益和成本。技术与国家的社会、文化和经济环境的相关性必须加以评估。在职业教育资源配置过程中，需要对上述决策进行全面评估，仔细研究一项举措的影响和实施问题，并仔细研究政府支出和用户成本方面的可行性，这些都应在实施技术教育计划之前进行。

第二节　职业教育集团化办学将成为优化校企合作治理中的平台保障

西方发达国家的技能形成体系的理论认为，一个国家技能形成体系受到一系列制度因素的支撑和影响，更受益于整个社会公共组织的发达（如工会组织、行业协会组织等），可以形成一个长久有效的制度来平衡和协调不同利益主体的利益需求与冲突，从而实现技能产品的稳定输出。近年来，随着我国现代职业教育体系的不断完善，职业教育办学模式的改革不断深入，职业教育集团化办学也作为探索中国特色职业教育发展的“利刃”在全国范围内进入一个新的发展机遇期。但与此同时，由于职业教育集团化办学还存在着诸多现实中的束缚，面临着诸多职业教育体系外部空间的制度约束与瓶颈问题，影响了职业教育集团化办学成效的进一步发挥。在此，我们拟基于一个更加广义的语境，从国家技能形成体系的角度，来进一步审视我国职业教育集团化办学的实践特征与发展思路。

一、国家技能形成体系视角下的集团化办学：狭义与批判

职业教育集团化办学在我国可追溯至20世纪90年代初，在近30年的发展过程中呈现出如下显著的特点。

（1）规模不断壮大，参与成员逐步走向多元。从参与成员构成来看，已经从最初的“校—企”双元走向“政—校—行—企—研”多元。集团化办学的持续发展不断吸引了政府部门、行业组织、职业院校、企业、科研院所以及其他社会组织加盟，参与职教集团的成员类型渐趋多元化，各方成员单位依托职教集团组织平台，积极开展对接交流与合作协商活动，共同组织实施多种形式合作，加快了多元主体参与职业教育局面的形成。

（2）从组建动力来看，逐步转向一种办学模式改革的“自觉行为”。集团组建的原始动力已经从最初的“抱团取暖”逐步转向一种办学模式改革的“自觉行为”，并且从集团成员行动内容来看，已经从岗位实习、人才培养到

资源共享、社会服务等多个方面有效地促进了专业设置与产业需求、课程内容与职业标准、教学过程与生产过程的对接，大大地提升了实训资源的建设水平，有效地推进了“双素质、双结构”教学团队建设。

（3）组建形式呈现多样化，且范围逐步从校际、区域覆盖到全国、全产业链。随着职教集团数量的快速增加，集团化办学从初期的由职业院校牵头，向职业院校、政府部门、行业组织与企业等多类主体牵头转变，区域分布逐步从沿海地区向中西部地区延伸，行业覆盖逐步从以服务业、信息业等为主向三大产业的各行业拓展，形成了由不同主体牵头、体现不同服务面和服务范围的多种类型的职教集团，同时，集团化办学的行业覆盖、区域分布和职业院校参与比例也在不断扩大。

（4）从集团化办学的运行管理来看，已经从关注组建、激活转向科学规划、创新机制和提升活力。从近年来国家、各省市文件来看，对集团化办学的定位和重要性已经有了充分的认识，对集团化办学所涉及的内容已经由最初的保证组建运行、如何激发职教集团的办学活力，逐步转向集团化办学所涉及的更深层次的问题。通过对政策文本和诸多研究成果的分析来看，近年来对职业教育集团化办学所关注的问题，主要集中在如下几方面：①科学规划，即如何完善治理结构、发展机制，扩大参与率，同时吸引多元投资主体，构建基于“利益链”的多元主体长效合作机制，调动多元主体的积极性、明确各方权益问题以及基于资产纽带的混合所有制问题等；②创新机制，即如何吸引各类主体参与集团化办学，进一步建立覆盖全产业链的集团生态，促进多样化发展，进一步深化产教融合；③提升活力，即加强政府支持，促进资源统筹，强化内部利益纽带，吸引行业特色学校参与，加强国（境）外合作等方面。

在上述我国职业教育集团化办学取得的成效面前，我们还应该清晰地认识到，当前无论是实践层面对职业教育集团化办学的探索还是理论界对职业教育集团化办学的审视，都是停留在我国学校职业教育系统内部，涉及的内容还是围绕职业学校人才培养层面如何改善和优化职业教育的办学模式改革，尚未站在全新的经济社会发展、技术变革、就业市场变化以及教育改革等宏观背景下，从一个国家技能形成体系的角度来审视职业教育集团化办学的内涵、价值与功能发挥，导致职业教育集团化办学的主体地位不够突出，在深化职业教育与培训改革、完善国家技能形成体系方面发挥的作用还不够明显，在职业教育系统外部的认可度不高等问题。

国家技能形成体系作为近年来的新概念，内涵上尽管与狭义层面的“职业教育与培训”有诸多相关性，但也有其更加广义的内涵，即它以集体的方式、产业部门和教育部门合作的方式培养技能；它培养的是一种国家、集体层面的能力。因此，作为一个更为复杂的社会系统，技能形成体系的发展离不开诸多社会利益相关方的共同参与。尽管在我国，政府对技能形成体系的构建负有最主要的责任，但在现代市场经济中，技能形成体系的制度和政策的制定与实施应当通过在政府、雇主、行会组织、企业、雇员及其代表、当地社区以及非政府组织之间建立的新的合作伙伴关系来实现。这就意味着国家技能形成体系应当具备如下三个方面的显著特点：首先，任何一个国家或地区的技能形成体系，都有其内在的极为复杂的原因，无一不是深深扎根于其政治、经济、文化等社会要素中的，以英国为代表的自由主义市场主导模式、法国为代表的政府主导职业教育模式以及德国为代表的双元制模式的发展与演变都提供了良好的范例。其次，强调利益相关者的参与，形成一个更为紧密的社会伙伴关系网。国外学者也认为，理解技能形成的过程关键在于在特定的政治、经济、历史和文化背景下分析政府、教育与培训系统、资本以及劳动力之间的关系。再者，强调技能形成体系的治理。这就要求职业教育集团化办学必须强调对内职能和对外职能。因此，必须从更加开拓的视角，以我国技能形成体系的实践为分析样本，在影响其发展的利益相关者的利益需求、冲突与协调中，理解我国技能形成体系的本质和作用机制，并就如何在制度层面延展和深化政府、企业、行业等利益相关者参与技能形成体系的建构作进一步的思考。

二、国家技能形成体系与职业教育集团化办学

从国家技能形成体系的角度审视我国的职业教育集团化办学，可遵从如下两点假设：首先，利益主体参与技能形成体系的建构都以利益作为“原动力”，其发展是在不同利益主体利益冲突的作用下进行的。因此，其办学必须协调好不同利益主体的利益，这是构建长效机制的关键所在。其次，利益相关者参与技能形成体系的建构就是要求建立一种由政府部门、企业、行业和社会团体等利益相关者共同参与的、基于合作伙伴关系的、多元化的发展模

式。据此，职业教育集团化办学在协调国家技能形成体系中各利益相关方的利益关系，建立市场化的多元产权关系，促进私有经济参与职业教育与培训，完善学校办学体制和管理体制等方面发挥着不可替代的重要作用。

（一）充分发挥职业教育集团化办学在国家技能形成体系中的价值与优势

职教集团作为一种“跨界”的利益相关者社会组织，在国家技能形成体系中发挥出巨大的优势，具体如下。

（1）规模效应带来的竞争优势，即利用办学规模的扩大，通过集团成员间的联合办学，在增强办学规模效应、满足学生多元化需求、节约集团成员成本投入、提高办学效益等方面有效地增强集团成员办学的总体竞争实力。

（2）资源优化带来的竞争优势，即通过集团化办学可以优化不同利益主体间职业教育资源的要素配置，集团内部的所有资源得到优化配置和共享，有目的、有重点地集中资源投向，保证职业院校办学尽快走向规范化、一体化、现代化，可以将有限的师资力量统筹安排，发挥最大效能，强化教科研工作的水平与效率。

（3）品牌效应带来的竞争优势，即通过集团化办学可以扩大集团成员单位在区域、行业中的知名度，为成员单位特别是成员企业与学校品牌塑造提供重要影响。同时，通过校企人才合作培养与技术合作开发，加快企业人才储备与技术积累，加速企业转型升级步伐，提升企业的核心竞争力，并在企业发展过程中增强成员院校的办学实力、水平与影响力。

（4）对口效应带来的竞争优势，即通过集团成员长期稳定的合作，可以促进不同类型、不同级别成员院校之间的对口升学，节约集团中各实体间的中间运作费用，在某种程度上可降低院校办学的风险，有效地增强双方在招生就业、教学建设与人才培养等方面的效率，提升成员院校的竞争能力。

（二）国家技能形成体系框架下的集团化办学的实践特征

（1）跨部门合作与资源整合的中介性特征。西方技能发达国家的经验表明，构建国家技能形成体系离不开教育界与产业界等不同跨界部门的协调合作，但由于体制原因，我国职业教育一直存在着教育、劳动、产业等不同部门之间在管理上的条块分割现象，成为制约国家技能形成体系构建的瓶颈。

不同的利益相关者，鉴于自身的工作角度和立场，难免存在着不同的利益需求乃至相互间的利益冲突，这就需要职教集团从中发挥协调者的角色，通过集团指导委员会、管理委员会等组织，借助集团成员间的沟通交流机制，协同指导与支持职业教育办学，使集团各主体在合作过程中通过多方协商，寻求合作办学的利益结合点。与此同时，职业教育集团化办学的有效运行需各相关主体建立国家技能形成体系的社会伙伴关系，以有助于职业教育及培训机构、政府、企业（行业）、社会中介组织形成合力，共同促进国家技能形成体系的发展，促进社会职业教育资源整合。

（2）技能供给的系统性与服务性特征。当前，由新工业革命引发的产业工人技能短缺问题成为各国面对的主要问题。无论是工业发达的美国、德国、英国，还是亚洲近邻的韩国、日本，都将优化提升产业工人的技能上升到至高境地，以应对由此带来的技能冲击和技能短缺问题。我国近年来也实施了“中国制造2025”战略，在这一进程中，最为重要的就是根据社会经济发展需要和人才需求结构，调整、优化产业工人技能匹配结构，促进人才在产业、地区的合理分布，提高人才资源与产业结构和经济布局的匹配程度。国家技能形成体系的构建，在技能供给方面除了要突破过去职业教育体系中“直通车”（中职—高职—本科）与“立交桥”（普通教育与高职教育融通）的壁垒，更要与整个社会技能生态发生联系，促进职前职后人才培养一体化，为企业人员的岗前、在职培训提供系统化服务，发挥技术技能积累的促进作用，进一步服务产业转型升级、区域协调发展。但目前我国现有的职业教育格局还无法有效地满足这一需求，职业教育集团化办学通过强化教育、人力资源和社会保障部、产业部门之间的联系，加快产教融合步伐，有利于准确判断并正确认识由当前经济社会转型升级过程中我国技术技能人才供求变化的发展趋势，有助于相关决策者在制订产业升级政策时，从稳定就业的角度制订更为稳妥、完善的政策，从人才支持上保障产业稳定发展，促进就业，维护劳动力市场稳定健康发展。

（3）办学模式的多样性与公益性特征。职教集团的形成一般都源于职业教育办学过程中成员之间的渊源关系，其成员构成与职业教育办学历史和现实条件有密切联系，因此，呈现出实现形式的多样性特征。例如，从服务面向角度来看，既有区域性集团也有行业性集团，但逐步呈现出区域性与行业性相交互的特征；从联结纽带来看，既有基于契约关系的职教集团也有基于

产权关系的职教集团，但逐步呈现出向契约与产权复合的方向发展。而公益性特征是指职教集团的成员之间有多种利益结合点，合作过程体现着多种利益博弈，既有成员之间个体利益又有集团成员的共同利益，但集团本身不以营利为目的。集团化办学的行为中既包括职前教育也包括在职培训、产品研发等活动，但集团化办学主要目的是为地方和行业培养高素质的劳动者和技术技能人才，因此，集团化办学有鲜明的公益性特征。

三、职业教育集团化办学治理的路径

当前，职业教育集团化办学已成为中国特色职业教育的重要组成部分，并将成为我国职业教育办学模式改革发展的方向。《教育部关于深入推进职业教育集团化办学的意见》（教职成〔2015〕4号）明确提出：要强化产教融合、校企合作，推动建设以相关各方“利益链”为纽带，集生产、教学和研发等功能于一体的生产性实训基地和技术创新平台，促进校企双赢发展。那么，实现基于各方“利益链”为纽带的集团化办学治理，兼顾多方面利益，在理论主体、行政主体、实践主体和社会不同群体之间建立一个良性互动的合作伙伴关系，促成政治、科学与精神力量的融合，是实现教育改革目标的根本保证。

（一）在宏观治理方面，完善职业教育集团化办学的环境保障体系

在治理的形态中，政府治理主要体现在制度供给、政策激励和外部约束。基于此，政府在推动职业教育集团化办学过程中，应当进一步发挥中央政府宏观指导和政策引导的作用。

（1）建立集团化办学的国家制度。将集团化办学作为今后一个时期国家全面推进职业教育改革、构建现代职教体系的重要战略举措，确立职业教育集团化办学的国家制度，明确职业教育集团化办学的指导思想、目标任务与实现形式，指导全国各地、各行业职业教育集团化办学发展，使之成为中国特色职业教育发展的重要模式；建立由国家发改、教育、人社及各产业部门等组成的部际联席会议制度，从国家层面建立集团化办学部门协调机制，强化对职业教育与集团化办学的宏观协调与工作指导；将鼓励各类社会主体参

与职业教育集团化办学的相关内容，纳入新修订的《中华人民共和国职业教育法》和《职业学校校企合作促进办法》，明确多元主体参与职业教育的法律责任和义务，强化对发展职业教育集团化的法制保障。

（2）健全集团化办学的国家政策。完善行业企业参与集团化办学的税收优惠政策，全面落实行业企业发放学生顶岗实习生活补贴、购买实习工伤保险、投入校内外实训基地建设与课程建设经费、提供教师挂职锻炼津贴与学生奖学助学金等的税前扣除政策；严格执行企业职工教育培训经费的提取与使用，重点用于企业职工特别是一线职工的校企合作教育和培训；加强对行业企业和院校参与集团化办学的政策引导，在高新技术企业评审、国有企业年度考核与评优等方面提出明确的要求，在职业教育衔接教育试点项目立项、职业院校评估考核、地方应用性本科院校专业硕士学位点审批等方面对组织参与集团化办学取得实质性成效的单位予以政策倾斜。

（3）开展集团化办学的国家试点。国家教育行政部门应按照《国务院关于加快发展现代职业教育的决定》（国发〔2014〕19号）和《现代职业教育体系建设规划（2014—2020年）》等相关文件精神，制定专项政策、落实专项经费，加快启动实施全国职业教育集团化办学的国家试点工作，重点支持一批具有较好建设基础、良好发展前景的职教集团，加快组织体系、运行机制与服务能力建设，更好地促进集团化办学成效的进一步发挥，形成一批可供借鉴的职业教育集团化办学典型模式，并加大典型案例与成功经验的推广，引领全国职业教育集团化办学发展。

（二）在中观治理方面，构建集团成员的利益协调机制

成员院校应积极主导集团化办学，更好地发挥推进职业教育改革的主体责任。集团成员院校应严格遵循“优势互补、利益共享、合作互赢”的原则，着眼集团全体成员单位的共同利益，加快推进以职教集团为依托的办学体制机制创新，强化学校自身内部管理制度与教学基本建设，充分调动学校各教学部门与广大教师参与集团办学的主动性、积极性与创造性，不断提升服务集团成员企业和其他成员单位发展的能力，吸引区域行业企业和其他单位积极参与，为集团化办学发展提供基本保障。集团牵头成员院校更应着眼促进区域、行业职业教育改革与经济社会发展的大局，大力推进集团组织体系、民主治理结构与服务能力建设，在加快集团化办学发

展，为全体成员单位服务的同时，切实承担引领区域、行业职业教育改革发展的责任。

成员企业应积极参与集团化办学，切实承担促进职业教育发展的社会责任。集团成员企业应着眼长远发展目标，树立职业教育的主体意识与主人翁观念，主动参与、通力合作，既顾及短期合作利益，更考虑长远发展需求，在积极参与职教集团建设与集团化办学，为职业教育提供实训基地、实习岗位、兼职教师、课程素材等教学资源，参与职业院校人才培养与教学改革，促进职业教育发展的过程中，切实担负起自身的社会责任。区域行业骨干企业特别是中央企业，更应发挥在生产技术、设备设施、工艺流程、专业人才、组织管理等方面的良好条件，体现自身在区域行业内的优势地位与广泛影响，积极参与职业教育，主动牵头组织或参与集团化办学，承担起更多的社会责任。

行业组织应大力支持集团化办学，更好地发挥促进行业发展的服务职能。行业组织应根据组织自身的特点，积极参与职业教育集团化办学，大力组织行业企业与职业院校开展联系合作，加强本行业人才需求调研预测，制订行业教育培训规划、组织和指导行业职业教育与培训，参与国家对职业院校的教育教学评估和相关管理工作，更好地发挥行业组织桥梁与纽带的作用，努力推动本行业相关职业院校与专业职业教育改革，促进本行业产业持续发展。

（三）在微观治理方面，职教集团层面要进一步规范运行机制

科学谋划职教集团长远发展。各职教集团应从加快现代职教体系建设的基本要求出发，着眼区域、行业职业教育改革建设与产业发展需求，准确定位集团发展目标，合理选择发展路径与措施。

（1）健全职教集团组织体系。注重不同类型、不同层次院校之间的联合，加强与区域行业内骨干龙头企业、中央企业的联系，推进与行业学会、协会、商会及产业园区管理委员会等组织的合作，遵循市场经济基本规律，按照“资源共享、优势互补、互利共赢”的原则，积极吸引各类主体参与职业教育集团化办学，积极探索形式多样的职教集团发展模式，不断增强职教集团的整体实力；按照规范管理、提升效率、推进合作的要求，结合各类职教集团自身特点，借鉴学习国内外集团化办学的成功做法与先进经验，建立健全由

联席会议协同指导，董事会、理事会或管委会民主决策，秘书处或办公室日常事务处理与工作协调，各专业合作委员会或其他基层组织具体执行的较为完善的组织管理体系，配备或落实专门人员承担相关管理工作，提升集团化办学管理水平。

（2）完善集团化办学管理制度。增强制度观念与规则意识，加快集团化办学制度体系建设。根据职教集团的组织性质与功能特点，广泛征求成员单位的意见和建议，制订或修订较为完备的集团章程，提升集团章程的制度权威，增强成员单位遵守共同准则的自觉性；建立健全职教集团对口协商、信息互通、项目合作等日常工作制度，明确集团各参与主体的工作要求，推进集团组织的常态化运行，增进成员单位之间的了解互信，促进各项合作的广泛开展；出台实施集团年度考核制度，采取定性与定量相结合的方式，对职教集团基层组织、全体成员单位参与集团化办学的相关重点工作进行针对性考核评价，并以此为基础，建立集团成员单位的动态调整机制，激发各方参与集团化办学的积极性；建立集团化办学的表彰奖励制度，对集团化办学的优秀项目、先进单位与个人进行表彰奖励，提升集团化办学的运行水平。

第三节　产教融合型企业的认定将成为我国深化校企合作的制度创新

为贯彻《国务院办公厅关于深化产教融合的若干意见》（国办发〔2017〕95号）及教育部等六部门印发的《职业学校校企合作促进办法》（教职成〔2018〕1号）文件精神，加快发展现代职业教育，深化产教融合、校企合作，落实企业重要办学主体地位，规范职业教育校企合作行为，促进企业与学校共同提高人才培养质量、提升技术技能积累水平，推动职业教育与产业同步发展，根据上述文件及《职业教育法》《劳动法》《公司法》等有关法律、法规，在对部分省市职业教育校企合作充分调研的基础上，特建议尽快出台关于加强职业教育产教融合型企业遴选认定的相关政策。

一、开展产教融合型企业认定，切实促进职业学校校企合作

（一）制定产教融合型企业认定标准，开展对企业参与职业教育资质认定工作

尽快出台产教融合型企业认定标准，由政府统筹产教融合型企业的认定工作，建立由国务院牵头，教育、人社、发改、经信、财政等有关部门和企业、职业学校领导参加的第三方认定组织。通过公开申报、评估的方式，对企业的技术、规模、管理、社会声誉、合作基础及行业特点等方面进行遴选，重点选择一批500强企业、央企、国企、地方龙头企业等具有综合实力的、在职业教育与培训领域理念合作条件良好的、企业自身具有良好的技术条件、有深厚的文化底蕴、注重培养学生良好职业素养的企业，认定其产教融合型企业的资质，向积极参与职业教育的企业提供经济和社会奖励，使企业“参与有利”。

（二）明确产教融合型企业参与职业教育的责任清单，发挥企业重要主体作用

强化企业、学校职业教育的共同责任，建立政府引导、行业协调、校企互动的校企合作运行机制。产教融合型企业要依法建立职工职业培训和教育制度，在如下几个方面明确企业应当承担的责任：一是主动跟职业院校共建共享职业教育资源，通过参与集团化办学以及联合设立培训中心、企业师傅(实习实训指导)、教学培训团队等方式发挥主体作用；二是主动参与职业教育人才培养模式改革，积极参与现代学徒制试点工作，尝试股份制、混合所有制办学模式改革，激发职业教育办学活力；三是积极履行国家政策文件中的责任与义务；四是健全企业参与制度，认定的企业要有机构或人员组织实施职工教育培训、对接职业院校，设立学生实习和教师实践岗位。

（三）完善产教融合型企业的鼓励政策，吸引企业积极参与职业教育

加强项目引导和经费保障，完善鼓励政策，切实吸引企业积极参与。

在经费扶持方面，制定专项政策、落实专项经费，加快启动实施产教融合型企业参与职业教育的试点工作，重点支持一批具有较好合作基础的产教融合型企业，除政府提供专项经费补贴和奖励外，全面落实行业企业发放学生顶岗实习生活补贴、购买实习工伤保险、投入校内外实训基地建设与课程建设经费、提供教师挂职锻炼津贴和学生奖助学金等的税前扣除政策；严格执行企业职工教育培训经费的提取与使用，重点用于企业职工特别是一线职工的校企合作教育和培训；加强对产教融合型企业的政策引导，在高新技术企业评审、国有企业年度考核与评优等方面提供倾斜性的政策鼓励；同时将其在技改资金补助项目中作为优先扶持对象。对举办职业院校的企业，其办学符合职业教育发展规划要求的，各地可通过政府购买服务等方式给予支持，同时将企业开展职业教育的情况纳入企业社会责任报告。

二、完善政策体系，为企业参与职业教育提供制度保障

（一）以企业为主体，提供经济动力机制

企业作为职业教育社会责任的实践主体，其目的是要与政府、学校、行业组织、科研机构、社区群众等在职业教育领域发挥各自优势完成职业教育任务，实现社会资源优化。而企业参与职业教育的前提和动力源于追求利益最大化，也就是当企业认为收益大于成本时，它才愿意进行投资。因此，以企业利益为政策出发点，才能保证企业拥有较强的主体意识。与政策保障相比，要进一步明确建议办法。首先，能够让校企双方自主选择共事的伙伴以及参与方式，增加企业参与职业教育人才培养的全过程的概率，引导企业由关注直接经济收益向获得潜在人力资源转变，比如明确企业举办或运营职业教育的身份及具体能享受的优惠政策。其次，提供对企业有吸引力的能优化企业经营活动的渠道，用税收、资源、利益相关者等作为撬动企业积极性的杠杆。再次，增加企业参与职业教育付出成本的补偿办法，比如接受学生实习发放的工服、学生使用机器不熟练造成的故障、技师去学校上课耽误的生

产等直接或间接的成本支付，通过挂牌授予示范实训基地等措施以使企业在声誉上赢得更多对外合作机会而间接获益。

（二）着眼多方利益，优化外部治理机制

国外企业参与职业教育的实践经验表明，要保持企业持续履责不能只指望企业自身觉悟，还要依靠企业利益相关者联合推动企业参与职业教育活动。因此，企业履行职业教育社会责任需要企业协调内部、外部环境，如企业里面管理层与基层员工的关系、企业与同类行业职业学校的关系、企业与周边科研院所的关系，通过优化关系降低责任实现的成本。同时在全社会营造赞美企业履行职业教育社会责任的环境和氛围，并积极宣传参与职业教育而获益的企业经验，促进企业在参与职业教育过程中获得满足感。对于我国而言，众多的中小企业难以单独举办职业教育，因此，组织企业联合举办或者由行业主办跨企业培训中心也是一个非常重要的发展职业教育的途径。构建多层次、多渠道的资金投入体系，鼓励企业设立参与职业教育的专项经费，特别是有关产学研创新的经费，并给企业提供相关优惠政策，依据技术周期性和项目的风险性，市级财政要给予一定的资助；发挥财政资金的引导放大作用，带动银行、保险和风险投资等社会资本加大对“校企合作”或“政行校企合作”项目的投入；充分利用产业投资基金、引导基金等创新金融工具，加大对具有自主知识产权、产业化前景良好和产学研紧密结合的产业化项目的投入力度；充分发挥科技型企业贷款担保风险准备金的作用，提高参与产学研合作的科技企业的贷款融资能力。

三、深化产教融合，为企业参与职业教育提供行业环境

（一）产业政策倾斜，引导企业加大投入

由于企业在市场中的角色有差异，参与职业教育的程度和方式必然不同，比如，就进行技术创新的动力来说，自然垄断行业就比不上科技型互联网行业。前者多以捐赠方式参与职业教育社会责任，而忽视人才培养过程；后者却建设专有技术学院和产业实训基地以满足区域内职业，从进到出的人才培养全过程，包括帮助职业院校招生宣传、教学模式改革、科研技术攻关、就

业安置及社会服务等。因此，政府应针对不同行业的企业履责行为有的放矢。对于创新压力较小、市场调节失灵的行业，政府应为其产教融合搭建一个广阔的市场化服务平台，建立起以市场化运作体系为主，同时积极协调各方利益的社会责任体系。比如直接组织一些必要的大型合作创新项目，通过对合作项目的直接介入，要求企业、职业院校和科研院所加强人力资源的投入和互动，鼓励企业在院校设立奖学金、助学金，促成校企合作项目的开展，使企业在与学校合作中实现科技成果转化而对践行职业教育责任充满信心。规模较大的各类所有制企业，应与学校或职业培训机构建立对口联系，其负责人可成为对口联系学校的咨询委员会或理事会成员。从广义的社会教育来说，企业应利用自身资源优势去惠及大众。

（二）行业指导倾注，盘活资源要素流动

由于企业、学校、行业和政府处于不同的职能层次，政府很难直接面向生产，对企业需求的了解带有一定的滞后性，所以政府应该赋予行业主管部门和行业协会宏观指导与协调的职能，为四方搭建一个沟通桥梁，使得行业主管部门和行业协会能够在国家教育方针和政策指导下开展本行业人才需求预测统计，发布本行业职业教育发展信息，制订教育培训规划，组织和指导行业职业教育与培训工作；参与本行业特有工种职业资格标准制定、职业技能鉴定和证书颁发工作；参与制定培训机构资质标准和从业人员资格标准；参与国家对职业院校的教育教学评估和相关管理工作，组织相关职业技能竞赛。此外，为进一步促进行业主管部门和行业协会参与职业教育的宏观管理和决策，行业协会应当积极参与到职业教育的各个环节中来，提升本身的影响力，并最终实现对国家职业教育立法与政策的影响，促进本行业职业教育决策的科学化水平。由于不同产业的企业拥有的关键资源要素存在差别，因此，需要了解行情的行业协会把关，职业教育责任的内容和组织形式，以提高企业服务职业教育的质量和效益。

（三）完善行业服务，畅通成果转化渠道

健全的行业协会的存在，可提高企业市场竞争的公平和公正性，可最大限度地减少政府与企业的直接接触，避免腐败的滋生。因此，政府要推进和完善以行业协会为载体的网络化服务系统，使他们在从技术开发、产业化生

产到市场化推广、责任监督等各个环节发挥应有的功能。通过行业协会的资源整合功能，使院校、企业、科研院所在技术继承领域形成良性互动，使企业在自己力所能及的范围内积极参与职业教育，不断推动产学研合作模式的创新。

四、加强企业意识，为企业参与职业教育增加利益筹码

目前，企业在职业教育责任上投资不足或缺乏投资连续性，主要是没能将参与目标与自身经营战略紧密结合，导致大多投资有去无回。企业把服务看成只是单方付出，割裂了与经济效益的联系，履行责任变成不情愿的“为了责任而投资”，而不是“为了投资而投资”，结果导致企业的责任行为难以持久。建立战略化的职业教育责任体系就是要求企业把握共赢机会，积极同其他群体在能创造经济价值的领域合作，真正将职业教育社会责任融入企业战略管理体系，纳入企业价值链，纳入企业绩效评价体系，从长远视角看待承担企业社会责任的无形收益。

（一）功能重新审视，加深职业教育责任

要把握企业社会责任与职业教育的关联，离不开对职业教育社会功能的审视。职业教育对一个国家的经济、政治、文化、科技、人口都会产生深远的影响。其经济功能主要体现在能将可能的劳动力转化为生产一线的技术工人和服务人员；政治功能在于人人有追求知识技能提升的权利；文化功能在于职业教育能传播勤劳致富的价值追求；科技功能在于它是促进技艺创新的重要途径；人口功能在于合理的人力开发促进人口流动、优化人才结构、提高人口素质。因此，企业通过参与职业教育可以从各方面为国家分担责任。然而研究发现，目前大部分企业参与职业教育社会责任的追求还停留在吸引大众关注、获得舆论好评的水平上，这显然与社会对职业教育培养高技能技术型人才的期冀相悖。因此，企业应当进一步提升其社会责任感，提高对职业教育重要性的认识，把社会问题转化成与职业教育有关的问题。比如，企业可以把环境问题看成是粗放式的经济生产方式导致的问题，把“就业难”问题看成是职业启蒙教育不到位的问题，把贫穷问题看成是不会利用资源、没有谋生技能的问题。一旦把这些问题与职业教育相联系，就会理解依靠职

业教育培养出的掌握先进知识和技术技能的知识工人、中高端人才是推动技术创新和现代科技成果向生产力转化的骨干力量，进而回到企业应当由关注用人转变为关注育人的基本出发点。企业职业教育社会责任主要包括对员工、职业学校和社区劳动力的教育和培养。从这个意义上说，积极参与职业教育社会责任也是在经营资源，履行相关责任，有利于社会资本的改善。比如，由于职业教育培养的人都将是生产一线的技术工人和服务人员，企业在培养这些学生时，一方面可以获得直接劳动力，另一方面很可能直接与学生签订就业合同而节省招工成本。因此，企业需要将践行职业教育社会责任根植于整体经营过程中，从长远视角看待承担企业社会责任的无形收益，从提升行业认可度、实现企业持续价值增长和长期发展的高度将职业教育社会责任内化为企业发展的需要。

（二）责任标准确立，建立评价监督机制

加快制定与国际接轨、具有中国特色的企业社会责任标准，对承担责任的企业资质进行规范，对不同性质、不同行业、不同发展阶段的企业参与程度、育人质量、研发效益提出要求，并对其社会责任的实现成效进行评价。通过第三方评价组织的介入，提高企业职业教育社会责任报告数据的可信度，为企业参与职业教育获得专项经费提供前提条件，同时也为职业院校和社区生产选择合作伙伴提供筛选依据。出台相应的监督制度、建立教育主管部门、行业协会、社区等多层面的企业社会责任监督体系，刺激企业在育人和研发方面的责任意识，更好地整合各方资源优势，促成企业在职业教育方面的参与效果。

第四节　完善新时期我国职业教育校企合作的保障机制

上述改革目标的达成，关键在于做好改革组织实施工作，即坚定党对职业教育工作的全面领导，落实职业教育的工作部际联席会议制度，多措并举支持企业和社会力量兴办职业教育，切实发挥各地方政府对职业教育办学的基础保障作用。

一、坚定党对职业教育工作的全面领导

党的十八大以来，我国职业教育事业发展取得了显著成就，最根本的就是，在以习近平同志为核心的党中央坚强领导下，党对职业教育事业的全面领导得到有力贯彻，党对职业教育工作的领导得到全面加强。深化国家职业教育改革，必须加强党对职业教育工作的全面领导，以习近平新时代中国特色社会主义思想为指导，全面贯彻党的教育方针，坚持马克思主义指导地位，坚持中国特色社会主义教育发展道路，坚持社会主义办学方向，把党对教育事业的全面领导贯彻好、落实好。一是加强党对职业教育事业的政治领导，充分发挥党组织在职业院校的领导核心和政治核心作用，牢牢把握学校意识形态工作领导权，将党建工作与学校事业发展同部署、同落实、同考评。要确保社会主义办学方向，要扎根中国大地办职业教育，确保职业教育战线坚决维护以习近平同志为核心的党中央的权威和集中统一领导，确保广大干部教师忠诚于党的教育事业。二是加强党对职业教育工作的组织领导。一方面，要在各级各类职业学校健全党的组织，充分发挥党组织的战斗堡垒作用、政治核心作用、思想引领作用，确保党的教育方针在学校不折不扣全面贯彻执行；另一方面，要选强配好学校的领导班子，抓好领头雁，要让政治家、教育家来管理学校。三是加强基层党组织建设，有效发挥基层党组织建设，有效发挥基层党组织的战斗堡垒作用和共产党员的先锋模范作用。

二、落实国务院职业教育工作部际联席会议制度

近年来，随着我国经济社会发展、产业转型升级以及“乡村振兴”“精准扶贫”“一带一路”倡议等国家重大战略决策的稳步推进，对高素质劳动者和技术技能人才的要求不断提高，职业教育也面临着增速换挡、动力更替、质效改善、体制创新等方面的转型。《国家职业教育改革实施方案》（以下简称《方案》）中提出的完善国家职业教育制度体系、构建职业教育国家标准、促进产教合校企“双元”育人、建设多元办学格局、完善技术技能人才保障政策等内容，都涉及国家不同部委、不同部门之间的协调和统筹，这也是职业教育办学最为复杂和特殊的地方所在，必须将目标锁定在如何加强利益相关

者对职业教育办学的参与，如何在新的历史起点理解鼓励各利益主体参加职业教育办学的现实诉求，构建一个利益相关方参与职业教育的长效机制。

早在 2004 年，国务院就曾批复由教育部牵头成立职业教育工作部际联席会议制度，负责统筹协调全国职业教育工作，以研究解决职业教育工作中存在的部门利益协调的有关问题。但随着近年来我国职业教育办学改革的不断深入，开始触及更多诸如混合所有制改革等体制机制的“深水区”问题，涉及的问题更加复杂，部门的协调更加多元，单纯由教育部牵头的职业教育工作部际联席会议制度难以维系，这就需要国家顶层进一步设计成立更为贴近现实的职业教育工作联席会议制度。为此，国务院于 2018 年 11 月 20 日批复了教育部《关于提请调整完善职业教育工作部际联席会议制度的请示》，建立由国务院领导同志牵头负责的国务院职业教育工作部际联席会议制度。此联席会议制度在《方案》中再次得以专门强化，再次让我们看到了国家对优化职业教育办学机制改革方面的重大决心。与此前的职业教育工作部际联席会议制度相比较，新成立的国务院职业教育工作部际联席会议制度有了更进一步的突破，主要表现在如下三个重要方面。

（1）联席会议制度级别更高。此次成立的国务院职业教育工作部际联席会议制度，召集人由教育部长改为国务院分管教育工作的领导同志担任，并设副召集人两人，由教育部主要负责同志和协助分管教育工作的国务院副秘书长担任。这就凸显了党和国家的重视以及在深化职业教育改革中联席会议制度的权力将更大，改革力度将更大。

（2）参与利益相关部门进一步增加。此次联席会议制度由过去的教育部、国家发改委、国家财政部、国家人社部、农业农村部、国务院扶贫办 6 个部门和单位拓展为教育部、国家发改委、工业和信息化部、国家财政部、国家人社部、农业农村部、国务院国资委、国家税务总局、国务院扶贫办 9 个部门和单位组成。新增国务院国资委、国家税务总局、工业和信息化部等 3 个部门，就是要突破近年来围绕中小企业参与职业教育办学问题、职业教育产教融合中的诸多瓶颈问题。

（3）职责和权限有了提升。联席会议制度的主要职能由过去的“统筹协调”“督促落实”变为贯彻落实党中央、国务院关于职业教育工作的重大决策部署，统筹协调全国职业教育工作，研究解决职业教育重大问题，研究审议拟出台的职业教育法律、法规和重大政策，部署实施职业教育改革创新重大

事项，听取国家职业教育指导咨询委员会等方面的意见建议，督促检查职业教育有关政策措施的落实情况，完成党中央、国务院交办的其他事项。我们深信，国务院职业教育工作部际联席会议制度的建立，将进一步加强对职业教育工作的领导，强化统筹协调，形成工作合力。

三、多措并举支持企业和社会力量兴办职业教育

长期以来，企业参与职业教育办学的主体地位不突出、积极性不高、校企合作不够紧密等问题，使得过去的以政府为单一办学主体的体制面临巨大的挑战。为解决上述问题，《方案》把改革探索的目光转向支持企业和社会力量办学的巨大潜能，提出“支持和规范社会力量兴办职业教育培训，鼓励发展股份制、混合所有制等职业院校和各类职业培训机构”，目的是要在投资和管理上尽快打破政府办学“单一化”的格局，进行“多元化”选择，核心内容就是要打破政府作为唯一管理机构和单一权力中心的现状，实现办学主体的多元化，这是发展职业教育的必然途径。其最终目标是建立一种由各利益相关方自主参与，基于自主合作的符合共同利益的职业教育治理机制。政府要彻底改变“统办统包”的局面，政府办学应选择一些关系国计民生、制约经济发展“瓶颈”的战略产业领域，或是经济社会发展急需大量紧缺技能型人才的行业作为办学和投资的重点。要采取积极有效措施，加大企业、行业、社会团体、公民个人和境外机构等多种力量办学的比重，形成多个办学主体、多种投资主体共同办学的多元办学格局。职业教育要紧紧依靠行业企业办学，进一步扩展和密切与行业、企业等部门的联系，加强教育与生产劳动和社会生产实践相结合，加快推进职业教育培养模式由传统的以学校和课程为中心向产教融合“双元”育人转变。

但从目前现状来看，行业企业对职业教育的参与度不高，仍然是当前我国职业教育存在的最主要的问题之一。借鉴“双元制”等职业教育成功范式，可以发现行业、企业在职业教育办学中发挥着重要的主体作用，这既是职业教育发展的规律性要求，也是职业教育发展的必然结果。今后在促进行业、企业参与职业教育方面，一是要从宏观层面完善政策体系，为行业、企业参与职业教育提供制度保障；二是从中观层面深化产教融合，为行业、企业参与职业教育提供宽松优质的外部环境；三是从微观层面加强行业、企业主体

意识，为行业、企业参与职业教育增加战略筹码，落实好产教融合企业的遴选工作，对产教融合型企业给予“金融+财政+土地+信用”的组合式激励，并按规定落实相关税收政策，形成“学校—行业—企业”三位一体的合作模式，完善行业企业创办职业教育的办学环境。

四、切实发挥各地方政府对职业教育办学的基础保障作用

各级政府要切实保障职业教育的健康发展，保证职业教育的重要地位不动摇。各级党委政府要深刻认识职业教育事业对区域经济社会发展的重要贡献，在教育总体规划、经费投入、资源配置、土地供给以及教师队伍建设中把职业教育摆在更加突出位置。按照职业教育规律办事，保障各级职业教育整体协调发展。各级党委政府加强对职业教育的领导，就要树立正确的理念，按职业教育规律和人的发展来办职业教育、管职业教育，将深化职业教育改革的一张蓝图画到底，既要保障教育公平，又要让人民群众有教育获得感。可采取的措施如下：首先，各地方政府尽快推动地方教育法律、法规建设，加快地方职业教育法制建设进程，各级政府应当根据自身职业教育发展的实际，适时制定促进职业教育发展的地方性法规和国家相关教育法律、法规的实施办法。政府要实质性地协调各个相关部门，由专门机构和专人负责协调和落实，充分发挥统筹、协调的作用，制定相关的法律、法规，规范政府、学校、企业等在办学中的权利与义务，通过投资、评估、指导等方法引导职业院校的发展方向，整体化推进职业教育。其次，运用多元手段协调各方利益，密切部门合作，赢得行业支持和社会参与，相互配合、互惠互利。通过创设环境、搭建平台、制定政策、提供信息服务等，引导职业教育机构面向市场，搞活机制，自主办学。再次，建立有效的督导与监督机制。进一步健全各级政府职业教育督导制度，探索建立相对独立的职业教育督导机构，独立行使督导职能。

第六章　高职院校校企合作的法律保障研究

职业教育是社会进步、经济发展的必然结果，职业教育是由最初的学徒制发展而来的，职业教育与普通教育最本质的区别在于培养人才的类型不一样，职业教育技能人才培养的要求需要职业教育必须与社会经济紧密结合起来，采用校企合作的形式。我国自民国初期的实业教育到现代职业教育，校企合作经历了无数种模式，每一种主要模式都一定有相关的法律制度来保障，本研究将民国时期至今分为几个阶段，来梳理各阶段我国职业教育校企合作的主要模式及相关法律制度，分析各阶段有关校企合作的法律制度的特色及存在的问题，为我国的职业教育校企合作法律制度建设提供借鉴。

第一节　新中国成立后我国职业教育中校企合作法律制度

新中国成立后我国经济社会经历了由战后重建到逐步发展的过程，各项事业百废待举，国家急需教育为社会主义建设输送和培养大批管理干部、中等技术人才以及劳动、技术后备力量，特别是重工业、国防、交通运输、轻工业、农业和商业等方面的建设人才，主要培养技能人才的职业教育正好适应和满足了经济发展的这一需求。

一、初始阶段职业教育校企合作相关法律制度

1949 年至 1978 年这段时期，我国职业教育以中等专业学校和技工学校为主的时期，主要的职业教育法律政策有《关于改进中等专业教育的规定》《中

等专业学校章程》《技工学校暂行办法》《工人技术学校标准章程》《关于教育工作的指示》《关于中等专业学校、技工学校办学中的几个问题的意见》《工作方法六十条》《关于1958年国民经济计划草案的报告》。

（一）《中等专业学校章程》与《技工学校暂行办法》

《中等专业学校章程》规定，学校的专业设置应以学校附近有与专业性质相同的工厂、矿山及其他的企业机关单位为依据。《技工学校暂行办法》规定，学校规模和工种设置，主要根据生产建设需要，同时兼顾有利于组织教学、安排生产实习和保持相对稳定。技工学校师资分为文化、技术理论课教师和生产实习课教师两种。教师的来源由办学部门自行解决，教育部门予以协助。主要是从技工学校的毕业生中选择优秀者留校或送工厂在实际工作中进行培养，提高后任教。

（二）《关于教育工作的指示》

《关于教育工作的指示》提出：教育部门办学和业务部门办学并举；中央办学和地方办学并举；国家办学和厂矿、企业、农业合作社办学并举。依据指示，许多厂矿企业单位和市县均举办中等技术学校或技工学校，这种“大跃进”式的发展使教育事业失去控制，学校出现了混乱状况。

（三）《工作方法六十条》（草案）

《工作方法六十条》中第四十八至第五十条规定，一切中等技术学校和技工学校，凡是可能的，一律试办工厂或者农场，进行生产，做到自给或半自给；学生实行半工半读；在条件许可的情况下，这些学校可以多招些学生，但是不使国家增加经费；一切高等工业学校的可以进行生产的实验室和附属工场，除了保证教学和科学研究的需要以外，都应当尽可能地进行生产；学生和教师可以同当地的工厂订立参加劳动的合同；一切农业学校除了在自己的农场进行生产，还可以同当地的农业合作社订立参加劳动的合同，并且派教师住到合作社去，使理论和实际结合；农业学校应当由合作社保送一部分适合条件的人入学；农村里的中小学，都要同当地的农业合作社订立合同，参加农、副业生产劳动；农村学生还应当利用假期、假日或者课余时间回到本村参加生产；大学校和城市里的中等学校，在可能条件下，可以由几个学

校联合设立附属工厂或者作坊，也可以同工厂、工地或者服务行业订立参加劳动的合同；一切有土地的大中小学，应当设立附属农场；没有土地而邻近郊区的学校，可以到农业合作社参加劳动。

（四）《关于1958年国民经济计划草案的报告》

《关于1958年国民经济计划草案的报告》正式提出："在教育方面，今后要有步骤地实行半工半读的教育制度。"

这一时期，职业教育校企合作体现为半工半读形式的职业学校蓬勃发展，半工半读制度的推行范围不仅仅局限在教育领域，而是在全社会推广，包括在城市和农村推广。因此，这一时期的校企合作不只是职业教育的一种模式和内容，而是全社会对待教育、对待劳动的一种态度，这种态度在一定程度上推进了职业教育校企合作的发展，确定了职业学校与企业密不可分的关系。

二、改革开放后恢复阶段职业教育校企合作相关法律制度

1978年12月，十一届三中全会把党的工作重点转移到社会主义现代化建设上来，这是职业教育发展的新机遇。1979年到1990年的12年间，我国职业教育以恢复和结构调整为主要任务。在这一时期，我国职业教育还没有形成有特色的校企合作模式。

20世纪70年代末，我国职业教育结构极不合理。1979年，我国高中阶段教育的毕业生中，有普通高中毕业生726.5万人，而职业教育仅有中专毕业生18.1万人、技工学校毕业生12万人，约占当年高中阶段的4%，由于此时我国高等学校招生规模较小，造成了千军万马过独木桥的局面，当年普通高中毕业生升学率仅有3.8%。

针对职业教育结构不合理的情况，1980年10月，发布《关于中等教育结构改革的报告的通知》，提出中等教育结构改革主要是改革高中阶段的教育。要使高中阶段的教育适应社会主义现代化建设的需要，应当实行普通教育与职业、技术教育并举，全日制学校与半工半读学校、业余学校并举，国家办

学与业务部门、厂矿企业、人民公社办学并举的方针；各地还可以利用一些适合办学的关停的工厂厂房及设备举办职业（技术）学校或作为学校的实习场所，也可留用一部分技术人员和老工人做教师或实习指导；各类职业（技术）学校、职业中学、农业中学要提倡半工半读、半农半读，坚持勤俭办学、勤工俭学；这方面的收入，应主要用于解决学校经费开支和办学条件，抽出一部分用于解决师生的集体福利和学生的学习费用，学校要逐步做到部分自给。

1985 年 5 月颁发的《中共中央关于教育体制改革的决定》，指出当时的职业教育不适应社会主义现代化建设需要，是我国整个教育事业最薄弱的环节，提出逐步建立一个从低级到高级，行业配套，结构合理又能与普通教育相互沟通的职业技术教育体系。

这一时期，职业教育处于恢复调整期，是职业教育重新发展的起点，相关职业教育法律政策基本是从宏观层面对职业教育学校的校企合作作出规定，没有具体的校企合作规范内容。

第二节　1991 年至今我国职业教育中校企合作法律制度

我国自 1991 年颁布《国务院关于大力发展职业技术教育的决定》起到 2010 年颁布《国家中长期教育改革和发展规划纲要（2010—2020 年）》，出台了一系列扶持校企合作的政策法规，形成了以《职业教育法》为主体的职业教育法律体系。

职业教育校企合作法律制度可分为六个层级：职业教育校企合作基本法律、职业教育校企合作单行法律、职业教育校企合作行政法规、职业教育校企合作部门规章、职业教育校企合作地方性法规和规章、职业教育校企合作相关法律法规，现将我国自 1991 年至今涉及职业教育校企合作的相关法律制度按此层级进行梳理。

在对职业教育校企合作法律制度按层级进行梳理前。首先将我国职业教育校企合作法律制度制定的依据——《中华人民共和国宪法》（以下简称为

《宪法》）中的有关规定罗列出来。宪法是国家的根本大法，在国家整个法律体系中处于核心地位，是制定法律的依据，是国家一切法律的基础和一切法律的母法，具有最高的法律地位、法律权威、法律效力，具有根本性、全局性、稳定性、长期性，其他任何法律法规都不能与其相抵触。在职业教育领域中宪法也同样具备最高的法律地位。职业教育相关法律法规的制定必须遵循《宪法》。《宪法》第十九条规定，国家举办各种学校，普及初等义务教育，发展中等教育、职业教育和高等教育，并且发展学前教育。国家鼓励集体经济组织、国家企业事业组织和其他社会力量依照法律规定举办各种教育事业。第二十条，国家发展自然科学和社会科学事业，普及科学和技术知识，奖励科学研究成果和技术发明创造。第四十七条，中华人民共和国公民有进行科学研究、文学艺术创作和其他文化活动的自由。国家对于从事教育、科学、技术、文学、艺术和其他文化事业的公民的有益于人民的创造性工作，给以鼓励和帮助。

一、有关职业教育校企合作的基本法律

职业教育校企合作的基本法律是依据《宪法》制定的调整领域中带有普遍性、根本性、全局性问题的基本法则，是职业教育校企合作法律体系中的母法。《中华人民共和国教育法》与《中华人民共和国劳动法》应是我国职业教育校企合作的基本法律。

（一）《中华人民共和国教育法》

1995 年全国人大批准的《中华人民共和国教育法》指出，教育必须与生产劳动相结合；国家鼓励企业事业组织、社会团体及其他社会组织同高等学校、中等职业学校在教学、科研、技术开发和推广等方面进行多种形式的合作；企业事业组织、社会团体及其他社会组织和个人，可以通过适当形式，支持学校的建设，参与学校管理；国家机关、军队、企业事业组织及其他社会组织应当为学校组织的学生实习、社会实践活动提供帮助和便利；各级人民政府、有关行政部门以及企业事业组织应当采取措施，发展并保障公民接受职业学校教育或者各种形式的职业培训。

（二）《中华人民共和国劳动法》

《中华人民共和国劳动法》第八章第六十六条至第六十九条对职业培训及职业资格证书制度作了简单规定：国家通过各种途径，采取各种措施，发展职业培训事业，开发劳动者的职业技能，提高劳动者素质，增强劳动者的就业能力和工作能力；各级人民政府应当把发展职业培训纳入社会经济发展的规划，鼓励和支持有条件的企业事业组织、社会团体和个人进行各种形式的职业培训；用人单位应当建立职业培训制度，按照国家规定提取和使用职业培训经费，根据本单位实际，有计划地对劳动者进行职业培训；从事技术工种的劳动者，上岗前必须经过培训；国家确定职业分类，对规定的职业制度职业技能标准，实行职业资格证书制度，由经过政府批准的考核鉴定机构负责对劳动者实施职业技能考核鉴定。

（三）对有关职业教育校企合作的基本法律的分析

《中华人民共和国教育法》涉及校企合作的内容：一是鼓励多种形式的职业教育校企合作；二是要求企业事业组织对职工的培训、学校学生的实习提供支持；三是要求政府部门及相关部门、企业事业组织应采取措施，保障职业学校的教育或各种形式的职业培训。

《中华人民共和国劳动法》涉及校企合作的内容出现在“职业培训”一章，一是鼓励发展各种形式的职业培训；二是应建立职业培训制度，提供职业培训经费，要求就业准入；三是实行职业资格证书制度。

这两个法律对职业教育校企合作做了宏观上的指导，是一种方向的引导，没有具体的对职业教育校企合作中可能出现的问题进行界定。如职业教育特别是中职学校的学生，年龄通常没有达到法定年龄，其在企业的实习存在很多现实问题，缺乏相应的法律保障，这一方面在《中华人民共和国劳动法》中没有明确的相关规定。

二、有关职业教育校企合作的单行法律

单行法律是根据《宪法》和教育基本法制定的调整教育事业的某些方面或某一部分教育关系的法律。涉及职业教育校企合作的单行法律包括《中华

人民共和国职业教育法》《中华人民共和高等教育法》《中华人民共和国就业促进法》。

（一）《中华人民共和国职业教育法》

1996 年，我国制定了《中华人民共和国职业教育法》。第六条规定，行业组织和企业、事业组织应当依法履行实施职业教育的义务。第二十三条明确提出，职业学校、职业培训机构实施职业教育应当实行产教结合，与企业密切联系，培养实用人才和熟练劳动者。第二十八条、第二十九条提出，企业应当承担对本单位的职工和准备录用的人员进行职业教育的费用，具体办法由国务院有关部门会同国务院财政部门或者由省、自治区、直辖市人民政府依法规定；企业未按本法第二十条的规定实施职业教育的，县级以上地方人民政府应当责令改正；拒不改正的，可以收取企业应当承担的职业教育经费，用于本地区的职业教育。第三十七条规定，企业、事业应当接纳职业学校和职业培训机构的学生和教师实习；对上岗实习的，应当给予适当的劳动报酬。

（二）《中华人民共和国高等教育法》

1999 年 1 月 1 日施行的《中华人民共和国高等教育法》第十二条提出，国家鼓励高等学校之间、高等学校与科学研究机构以及企业事业组织之间开展协作，实行优势互补，提高教育资源的使用效益。第六十八条界定，本法所称高等学校是指大学、独立设置的学院和高等专科学校，其中包括高等职业学校和成人高等学校。

（三）《中华人民共和国就业促进法》

2008 年，我国颁布施行了《中华人民共和国就业促进法》，第四十七条规定，县级以上地方人民政府和有关部门根据市场需求和产业发展方向，鼓励、指导企业加强职业教育和培训；职业院校、职业技能培训机构与企业应当密切联系，实行产教结合，为经济建设服务，培养实用人才和熟练劳动者；企业应当按照国家有关规定提取职工教育经费，对劳动者进行职业技能培训和继续教育培训。

(四) 有关职业教育校企合作的单行法律的分析

《中华人民共和国职业教育法》涉及校企合作的内容体现在：一是规定了行业、企业事业组织实施职业教育的义务；二是明确提出应实行校企合作，培养劳动者；三是提出企业应该承担职业教育经费；四是对校企合作教师、学生实习的规定。至于校企合作如何具体实施学生实习实训、实习管理等在这一阶段都没有明确的指导，《中华人民共和国职业教育法》中未明确企业实施职业教育和培训的主体资格。

《中华人民共和国高等教育法》涉及校企合作主要指的是本研究界定的职业教育校企合作中的高等职业院校，对校企合作的规定在其中也只是简单的原则性的规定。

《中华人民共和国就业促进法》的目的是促进就业，涉及校企合作的内容也是鼓励校企合作，企业应当按照规定提取职工教育经费。对校企合作的规定也是比较宽泛、简单的原则性规定。

基本法、单行法律都是我国职业教育校企合作法律制度依据，基本法的规定可以从宏观层面进行方向性的把握，单行法律相对具体，应对校企合作的基本情况、实施进行界定。但目前这些法律共同的特点是条款都是简单的原则性规定，没有对校企合作主体的确定，没有对双方责权利的界定，缺少对法律责任和法律制裁的规定，没有法律救济制度；且我国目前还没有对职业教育校企合作专门立法。

三、有关职业教育校企合作的行政法规

行政法规指国家最高行政机关为实施、管理教育事业，根据宪法和教育法律制定的规范性文件。在职业教育法律体系中，行政法规数量多、调整范围广、实施效果直接，是实现国家职业教育目标的主要工具。涉及职业教育校企合作的行政法规主要有《国务院关于大力发展职业技术教育的决定》《中国教育改革和发展纲要》《国务院关于〈中国教育改革和发展纲要〉的实施意见》《国务院关于大力推进职业教育改革与发展的决定》《国务院关于大力发展职业教育的决定》《国家中长期教育改革和发展规划纲要（2010—2020年）》。

（一）《国务院关于大力发展职业技术教育的决定》

1992 年国务院颁布的《国务院关于大力发展职业技术教育的决定》指出，各地区、各部门要根据经济发展的实际需要和国家的产业政策，制定本地区、本部门后备技术工人培训规划，在不断提高培训质量的同时，规划技工学校的合理布局和规模；要根据谁办学谁受益的原则，依靠企业和企业主管部门大力发展技工教育；积极鼓励大型企业兴办技工学校、中小企业在行业指导下联合办学，进一步挖掘办学潜力，提高办学效益，以逐步缓解后备技术工人队伍与企业发展需要不相适应的矛盾；改革学徒培训；对传统工艺和少数特殊工种应按有关规定继续实行学徒培训；其他工种应将招学徒工逐步改为招定向培训生，做到在企业进行操作训练，在职业技术学校、就业训练中心等培训机构进行专业技术理论学习和基本功训练，以提高培训能力和培训效益；对各类职业技术学校、就业训练中心的毕业（结业）生，逐步实行毕业（结业）证书与技术等级或岗位合格证书双证制度；企事业单位在招工时，要根据国家劳动工资计划，首先从取得“双证”的专业对口人员中录取。

（二）《中国教育改革和发展纲要》

1993 年《中国教育改革和发展纲要》指出，各级各类职业技术学校都要主动适应当地建设和社会主义市场经济的需要；要在政府的指导下，提倡联合办学，走产教结合的路子，更多地利用贷款发展校办产业，增强学校自我发展的能力，逐步做到以厂（场）养校；要认真实行“先培训，后就业”的制度；优先录用经过职业技术教育和培训的学生；专业性、技术性较强的岗位，应在获得岗位资格证书后上岗；对未经培训已就业的，要进行岗前培训；积极聘任企业工程技术、管理人员和能工巧匠任兼职教师；职业学校专业技能教师可实行教师职称和专业技术职称双职称制。

（三）《国务院关于〈中国教育改革和发展纲要〉的实施意见》

1994 年颁布的《国务院关于〈中国教育改革和发展纲要〉的实施意见》提出，大力开展多种形式的职业培训；认真实行“先培训、后就业”“先培训、后上岗”的制度，使城乡新增劳动力上岗前都能受到必需的职业训练；在全社会实行学历文凭和职业资格证书并重的制度。

（四）《国务院关于大力推进职业教育改革与发展的决定》

2002 年国务院颁布的《国务院关于大力推进职业教育改革与发展的决定》指出，深化职业教育办学体制改革，形成政府主导、依靠企业、充分发挥行业作用、社会力量积极参与的多元办学格局；企业要和职业学校加强合作，实行多种形式联合办学开展订单培训，并积极为职业学校提供兼职教师、实习场所和设备，也可在职业学校建立研究开发机构和实验中心。

（五）《国务院关于大力发展职业教育的决定》

2005 年国家出台的《国务院关于大力发展职业教育的决定》第十条提出，大力推行工学结合、校企合作的培养模式；与企业紧密联系，加强学生的生产实习和社会实践，改革以学校和课堂为中心的传统人才培养模式；中等职业学校在校学生最后一年要到企业等用人单位顶岗实习，高等职业院校学生实习实训时间不少于半年；建立企业接收职业院校学生实习的制度；实习期间，企业要与学校共同组织好学生的相关专业理论教学和技能实训工作，做好学生实习中的劳动保护、安全等工作，为顶岗实习的学生支付合理报酬；逐步建立和完善半工半读制度，在部分职业院校中开展学生通过半工半读实现免费接受职业教育的试点，取得经验后逐步推广。第二十一条规定，认真落实一般企业按照职工工资总额的 1.5%足额提取教育培训经费，从业人员技术要求高、培训任务重、经济效益较好的企业，可按 2.5%提取的规定足额提取教育培训经费，主要用于企业职工特别是一线职工的教育和培训；企业新上项目都要安排员工技术培训经费。

（六）《国家中长期教育改革和发展规划纲要（2010—2020 年）》

2010 年中共中央、国务院颁布的《国家中长期教育改革和发展规划纲要（2010—2020 年）》第十五条指出，建立健全政府主导、行业指导、企业参与的办学机制，制定促进校企合作办学法规，推进校企合作制度化；鼓励行业组织、企业举办职业学校，鼓励委托职业学校进行职工培训；制定优惠政策，鼓励企业接收学生实习实训和教师实践，鼓励企业加大对职业教育的投入。第十七条规定，积极推进学历证书和职业资格证书“双证书”制度，推进职业学校专业课程内容和职业标准相衔接；完善就业准入制度，执行“先

培训、后就业”“先培训、后上岗”的规定。

（七）对有关职业教育校企合作的行政法规的分析

《国务院关于大力发展职业技术教育的决定》以当时的时代为背景，鼓励企业办职业学校，重点是开办技工学校，对职业院校学生实行定向培训，规定逐步实行职业证书制度。这一法规的实行，在当时掀起了企业办技工学校的热潮，企业的工人基本来源于自己所开办的学校，由于技工学校学生毕业即有出路，吸引了众多学生报考，这一时期的职业教育发展是比较迅速的。

《中国教育改革和发展纲要》提出职业院校自己利用贷款办企业，强调职业资格证书制度，同时提出职业院校可实行“双导师”教师制。“双导师”教师制即职业院校的专业技能教师实行教师职称和专业技术职称双职称制。

《国务院关于〈中国教育改革和发展纲要〉的实施意见》主要涉及的是职业培训，也提出实行职业资格证书制度。

《国务院关于大力推进职业教育改革与发展的决定》提出发展多元办学格局，规定企业与职业学校合作，实行订单培训，合作形式表现为企业为实习学生和实践教师提供实习场所和设备，以及为学校提供兼职教师，或在职业学校建立研究开发机构和实验中心。

《国务院关于大力发展职业教育的决定》提出改变传统人才培养模式，建立企业接收职业院校学生实习的制度，应为实习学生支付劳动报酬，规定中等职业学校在校学生最后一年要到企业等用人单位顶岗实习，高等职业院校学生实习实训时间不少于半年；同时规定具体的职业培训金额比例。

《国家中长期教育改革和发展规划纲要（2010—2020年）》提出推进校企合作办学制度化，制定校企合作办学法规，应制定对企业的优惠政策，提高企业参与校企合作的积极性，再次提出职业资格证书制度，同时提出完善就业准入制度。

有关职业教育校企合作的行政法规对我国自1991年来不同时期、不同形式的校企合作通过法规进行界定，这一系列的行政法规在校企合作内容上越来越具体，都强调大力推行校企合作的培养模式，强调加强学生的生产实习和社会实践，对职业资格证书制度及就业准入制度也有所规定，但此类法规是以文件形式颁布，不具备法律的强制性，在规定中没有保障条款执行的任何处罚措施，缺少对企业的监督制约和激励优惠机制，可能导致企业与学校无实质性合作。

四、有关职业教育校企合作的部门规章

部门规章可以解释为国家最高行政机关所属的各部门、委员会在自己的职权范围内发布的调整部门管理事项的规范性文件。我国涉及职业教育校企合作的部门规章基本是教育部、教育部联合其他相关部委，或国家财政部、国家税收总局下发的实施意见或通知。

（一）有关职业教育校企合作内容的部门规章

2003 年，教育部、劳动和社会保障部、国防科工委、信息产业部、交通运输部、卫生部等六部门联合印发了《关于实施职业院校制造业和现代服务业技能型紧缺人才培养培训工程的通知》，要求行业、企业专家与学校一起按照工作流程和岗位需要共同开发核心课程与训练项目，以满足用人单位对专业技能人才的需要。

2004 年教育部等七部委下发的《关于进一步加强职业教育工作的若干意见》指出，推动产教结合，加强校企合作，积极开展订单式培养；行业企业要继续办好职业学校和培训机构，鼓励行业企业与职业学校实行合作办学；各地方和行业部门要结合区域、行业发展和劳动力市场的实际需要，制定和实施技能人才培养培训规划；通过职业院校培养、企业岗位培训、名师带徒、个人岗位提高相结合的方式，加快培养企业急需的技术技能型人才、复合技能型人才以及高新技术产业发展需要的知识技能型人才。

2004 年，国家财政部、国家税务总局《关于教育税收政策的通知》提出，对政府举办的职业学校设立的主要为在校学生提供实习场所、并由学校出资自办、由学校负责经营管理、经营收入归学校所有的企业，对其从事营业税暂行条例“服务业”税目规定的服务项目（广告业、桑拿、按摩、氧吧等除外）取得的收入，免征营业税和企业所得税；对县级以上人民政府教育行政主管部门或劳动行政主管部门审批并颁发办学许可证，由企业事业组织、社会团体及其他社会和公民个人利用非国家财政性教育经费面向社会举办的学校及教育机构，其承受的土地、房屋权属用于教学的，免征契税。

2006 年颁布的《教育部关于全面提高高等职业教育教学质量的若干意见》提出，发挥行业企业和专业教学指导委员会的作用，加强专业教学标准

建设；逐步构建专业认证体系，与劳动、人事及相关行业部门密切合作，使有条件的高等职业院校都建立职业技能鉴定机构，开展职业技能鉴定工作，推行“双证书”制度，强化学生职业能力的培养，使有职业资格证书专业的毕业生取得“双证书”的人数达到80%以上。

2006年，教育部《关于进一步深化中等职业教育教学改革的若干意见》要求学校在组织好学生的文化课程和相关专业理论知识的学习的同时，要与企业一起组织好学生技能实习实训的学习，处理好学生“工”与“学”的关系，保证学生顶岗实习的岗位与其所学专业面向的岗位群基本一致。

2006年财政部、国家税务总局《关于企业支付学生实习报酬有关所得税政策问题的通知》和2007年《关于印发<企业支付实习生报酬税前扣除管理办法>的通知》规定，合作企业支付给学生实习期间的报酬，准予在计算缴纳企业所得税税前扣除。

2007年，教育部、国家财政部下发了《中等职业学校学生实习管理办法》，专门对中职学生实习作出了规定，包括定义什么是“学生实习”，明确了实习的管理体制与制度、学校与企业的相关责任等。

2009年，教育部办公厅《关于进一步加强中等职业学校实习管理工作的通知》强调学校在组织学生在企业锻炼实习时应就实习事宜与实习单位鉴定协议，共同加强实习基地的建设与管理，保障学生的各项合法权益。

2010年，教育部印发了新的《中等职业学校专业目录（2010年修订）》，新目录体现了职业教育对接产业、对接职业、对接职业标准、对接生产过程、对接职业资格证书、关注终身学习的特点。新目录中，中等职业教育专业类由原来的13个增加到19个，专业数由原来的270个增加到321个，专业方向由原来的470个增加到920个，对应职业1185个，职业资格证书720个，继续学习专业方向554个。

2010年，教育部下发了《教育部关于批准中国铝业公司等十家企业为全国职业教育教师企业实践单位的通知》，确定中国铝业公司、中国电力投资集团公司、神州数码（中国）有限公司、天津渤海化工集团、沈阳鼓风机集团有限公司、北京汽车工业控股有限责任公司、港中旅酒店有限公司、大连华录模塑产业有限公司、净雅集团、北京宅急送快运股份有限公司等十家企业为全国职业教育教师企业实践单位；规定确定为教师企业实践单位的企业要积极支持职业学校教师企业实践活动，提供必需的场所、设备和技术指导人员，加强对教师企业实践的指导和管理；各地教育行政部门和职业学校要主动与企业实践单位联系，签订协议并制订具体的工作方案，大力推动教师企业实践活动的开展。

2012年，国务院办公厅下发《国务院办公厅转发人力资源社会保障部、财政部、国资委关于加强企业技能人才队伍建设意见的通知》，同意了人力资源社会保障部、财政部、国资委《关于加强企业技能人才队伍建设的意见》，要求各省、自治区、直辖市人民政府，国务院各部委、各直属机构认真贯彻执行。在《关于加强企业技能人才队伍建设的意见》中提出，企业技能人才是我国人才队伍的重要组成部分，是推动经济社会发展的重要力量。加强企业技能人才队伍建设，是增强企业核心竞争力、推动产业转型升级和提升企业创新能力的内在要求，是加快经济发展方式转变、促进产业结构调整的有效手段，是深入实施人才强国战略和科教兴国战略、建设人力资源强国的重要内容。在健全企业职工培训制度的问题上提出了七条建议，其中两条是“创新企业职工培训方式”和“探索建立企业新型学徒制度”。这两条建议指出：“根据企业技能岗位要求和职工提升技能水平的需要，统筹利用各类教育培训资源，以企业职工培训机构、职业院校为载体，进一步深化企校合作，大力开展岗前培训、在岗技能提升培训和高技能人才培训，探索建立企业新型学徒制度，通过学校教育培养、企业岗位培训、个人自学提高等方式，不断提高企业职工的职业素养、技能水平和创新能力。……选择有条件的企业开展新型学徒试点，采取‘企校双制、工学一体’的模式，通过企校合作培养与企业以师带徒相结合的方式，对拟录用或新录用的员工开展学徒培训。企业应与职业院校或职业培训机构签订合作协议，明确学徒培训的形式、内容、期限、双方责任等具体内容，确保学徒在企业工作的同时，有一定时间到学校参加系统的专业知识和技能学习。企业应选派优秀的技能人才担任师傅，与学徒签订培训协议，明确培养目标、培训内容与期限、考核办法、学徒工资和师徒津贴等内容。企业可根据实际情况确定学徒期限，学徒期应不少于1年。”

2014年，国务院下发的《国务院关于加快发展现代职业教育的决定》（以下简称《决定》）明确了今后一个时期加快发展现代职业教育的指导思想、基本原则、目标任务和政策措施，提出“到2020年，形成适应发展需求、产教深度融合、中职高职衔接、职业教育与普通教育相互沟通，体现终

身教育理念，具有中国特色、世界水平的现代职业教育体系”。

《决定》提出：健全企业参与制度。研究制定促进校企合作办学有关法规和激励政策，深化产教融合，鼓励行业和企业举办或参与举办职业教育，发挥企业重要办学主体作用。规模以上企业要有机构或人员组织实施职工教育培训、对接职业院校，设立学生学习和教师实践岗位。企业因接受实习生所实际发生的与取得收入有关的、合理的支出，按现行税收法律规定在计算应纳税所得额时扣除。多种形式支持企业建设兼具生产与教学功能的公共实训基地。对举办职业院校的企业，其办学符合职业教育发展规划要求的，各地可通过政府购买服务等方式给予支持。对职业院校自办的、以服务学生实习实训为主要目的的企业或经营活动，按照国家有关规定享受税收等优惠。支持企业通过校企合作共同培养培训人才，不断提升企业价值。企业开展职业教育的情况纳入企业社会责任报告。

《决定》要求：推进人才培养模式创新。坚持校企合作、工学结合，强化教学、学习、实训相融合的教育教学活动。推行项目教学、案例教学、工作过程导向教学等教学模式。加大实习实训在教学中的比重。健全学生实习责任保险制度。积极推进学历证书和职业资格证书“双证书”制度。开展校企联合招生、联合培养的现代学徒制试点，完善支持政策，推进校企一体化育人。开展职业技能竞赛。

2015 年，国务院下发的《国务院关于进一步做好新形势下就业创业工作意见》是为了进一步促进就业、鼓励创业，以稳就业惠民生助发展而制定的法规。《国务院关于进一步做好新形势下就业创业工作意见》再次强调加强职业培训和创业培训，指出要“顺应产业结构迈向中高端水平、缓解就业结构性矛盾的需求，优化高校学科专业结构，加快发展现代职业教育，大规模开展职业培训，加大创业培训力度。利用各类创业培训资源，开发针对不同创业群体、创业活动不同阶段特点的创业培训项目，把创新创业课程纳入国民教育体系。重点实施农民工职业技能提升和失业人员专业转岗培训，增强其就业创业的职业转换能力。尊重劳动者培训意愿，引导劳动者自主选择培训项目、培训方式和培训机构。发挥企业主体作用，支持企业以新招用青年劳动者和新转岗人员为重点开展新型学徒制培训。强化基础能力建设，创新培训模式，建立高水平、专兼职的创业培训师资队伍，提升培训质量，落实职业培训补贴政策，合理确定补贴标准。推进职业资格管理改革，完善有利于劳动者成长成才的培养、评价和激励机制，畅通技能人才职业上升通道，推动形成劳动、技能等要素按贡献参与分配机制，使技能劳动者获得与其能力业绩相适应的工资待遇。”

2018 年，教育部会同国家发展改革委、工业和信息化部、财政部、人力资源和社会保障部、国家税务总局制定了《职业学校校企合作促进办法》（以下简称《办法》）。《办法》提出，职业学校应当根据自身特点和人才培养需要，主动与具备条件的企业开展合作，积极为企业提供所需的课程、师资等资源。企业应当依法履行实施职业教育的义务，利用资本、技术、知识、设施、设备和管理等要素参与校企合作，促进人力资源开发。《办法》明确了职业学校和企业可以结合实际在人才培养、技术创新、就业创业、社会服务、文化传承等方面，开展以下合作：①根据就业市场需求，合作设置专业、研发专业标准，开发课程体系、教学标准以及教材、教学辅助产品，开展专业建设；②合作制定人才培养或职工培训方案，实现人员互相兼职，相互为学生实习实训、教师实践、学生就业创业、员工培训、企业技术和产品研发、成果转移转化等提供支持；③根据企业工作岗位需求，开展学徒制合作，联合招收学员，按照工学结合模式，实行校企双主体育人；④以多种形式合作办学，合作创建并共同管理教学和科研机构，建设实习实训基地、技术工艺和产品开发中心及学生创新创业、员工培训、技能鉴定等机构；⑤合作研发岗位规范、质量标准等；⑥组织开展技能竞赛、产教融合型企业建设试点、优秀企业文化传承和社会服务等活动；⑦法律法规未禁止的其他合作方式和内容。

（二）对有关职业教育校企合作的部门规章的分析

这一系列部门规章鼓励校企合作，提出技能人才培养实行校企合作的多种形式；强调建设专业标准，构建专业认证体系，颁布专业目录，对接职业标准，与行业合作，推行职业资格证书制度；对学校学生实习相关事宜进行规定，保障学生的合法权益，对企业支付实习学生报酬免征所得税；对校企合作的企业提出相关优惠政策，如校企合作相关部分免征营业税和所得税；确定十家企业为全国职业教育教师企业实践的单位，推动职业教育校企合作形式的多样化开展。部门规章内容涉及职业教育校企合作的各主要方面，内容比较具体，对职业院校学生的实习政策作了比较详细的规定，同时对企业参与校企合作规定了一定的优惠措施，在一定程度上激发了企业参与校企合作的积极性。

但部门规章与行政法规一样，没有界定企业在校企合作中的主体地位，同样缺乏强制性，在执行中容易出现各种问题，使相关规定无法实施。另外，部门规章多是教育部门颁发的，从劳动部门人手对企业方面的规定较少。

五、有关职业教育校企合作的地方性法规和规章

（一）职业教育校企合作地方立法背景

《国家中长期教育改革与发展规划纲要（2010—2020 年）》明确提出“制定促进校企合作办学法规、推进校企合作制度化”。目前，我国实行国家与地方立法的两种立法体制，地方教育立法是指享有立法权的地方权力机关和政府，制定、修改和废止效力于本行政区域范围内的教育规范性法律文件的活动。地方教育立法具有区域性、从属性、多样性等特点。近年来，企业和职业院校校企合作需求旺盛，形成了多种校企合作模式，但由于政策不够完善，导致校企合作处于浅层水平。调查表明，“企业对校企合作依赖性不高，90%的样本院校都采用校企合作的办学方式，但大约 67%的样本企业每年新招聘员工来自职业院校的比例低于 20%，大约 60%的样本企业所委托职业院校培训的员工数量占全员的比例在 5%以下。”为推动职业教育发展，国家及各级政府出台了一系列政策，保障职业教育校企合作。然而，近 20 年来，校企合作地方立法滞后，“校热企冷”现象普遍存在，校企合作存在诸多问题。在此背景下，研究省市职业教育校企合作地方法规的制定情况，可以宏观把握地方配套政策的改革走向，为政府部门提供基础数据和经验借鉴。

（二）职业教育校企合作地方立法基本情况

1. 立法现状

本文以全国 22 个省、5 个自治区、4 个直辖市，共 31 个省（市、区）（港澳台除外）2009 年以后颁布的校企合作地方性法规文本为研究对象，统计截止时间为 2018 年 1 月。目前，我国 31 个省区中共有 20 个省（市、区）出台了 40 件地方性校企合作法规，见表 6-1。

表 6-1　地方校企合作立法一览表

省份	颁布部门	颁布时间	名称
浙江省	宁波市政府	2009. 03；2012. 02	宁波市职业教育校企合作促进条例；宁波市职业教育校企合作实施办法
	上虞市政府	2012. 01	上虞市职业教育校企合作促进办法（试行）
	杭州市政府	2012. 05	杭州市人民政府办公厅关于促进中等职业校企合作的若干意见
	湖州市教育局	2015. 12	湖州市促进职业教育校企合作工作办法（试行）
	长兴县政府	2016. 06	长兴县促进职业教育校企合作工作办法（试行）
河南省	新郑市政府	2011. 04	新郑市加强职业教育校企合作管理办法
	河南省政府	2012. 05	河南省职业教育校企合作促进办法（试行）
	郑州市政府	2011. 05	郑州市关于加强职业教育校企合作的若干意见
	开封市政府	2012. 11	开封市职业教育校企合作促进办法（试行）
	三门峡市政府	2012. 12	三门峡市职业教育校企合作实施办法
山东省	山东省政府	2010. 02	山东省职业教育校企合作促进条例（草案）
湖北省	十堰市政府	2011. 11	关于进一步加强职业教育校企合作的意见
江苏省	南通市教育局	2010. 03	关于进一步加强职业教育校企合作办学的意见
	苏州市政府	2014. 07	苏州市职业教育校企合作促进办法

续表

省份	颁布部门	颁布时间	名称
北京	北京市教委、北京市交委	2011	北京市交通行业职业教育校企合作暂行办法
湖南省	省经信委、国资委、教育厅、人力资源与社会保障厅、财政局、国税局、地税局	2012.04	关于深入推进企业与职业院校合作办学的若干意见
河北省	唐山市政府	2012.05	唐山市职业教育校企合作促进办法
	邢台市政府	2013.12	邢台市职业教育校企合作促进办法
	邯郸市政府	2014.03	邯郸市职业教育校企合作促进条例
广东省	广州市政府	2013.01	广州市人民政府办公厅关于促进我市职业教育校企合作工作的意见
	深圳市政府	2012.02	深圳市政府关于促进职业教育校企合作的意见
	珠海市政府	2015.02	关于深入推进职业教育校企合作的意见
	东莞市教育局	2017.01	东莞市职业教育校企合作促进办法(试行)
贵州省	铜仁市政府	2013.05	铜仁市职业教育政校企合作办学暂行办法
辽宁省	沈阳市政府	2013.01	沈阳市职业教育校企合作促进办法
四川省	成都市政府	2014.12	成都市职业教育校企合作鼓励办法(试行)
福建省	福建省政府	2015.10	福建省人民政府关于深入推进企业与职业学校合作办学的若干意见
江西省	南昌市人民政府	2013	关于印发加强校企合作促进高质量就业的实施意见
	江西省政府	2015.11	江西省职业教育校企合作促进办法

续表

省份	颁布部门	颁布时间	名称
山西省	山西省政府	2015.08	山西省职业教育校企合作促进办法（试行）
	忻州市政府	2015.12	忻州市职业教育校企合作促进办法（试行）
	临汾市政府	2013.02	临汾市职业教育校企合作促进办法（试行）
	襄汾县政府	2017.04	襄汾县职业教育校企合作促进办法（试行）
宁夏回族自治区	宁夏回族自治区政府	2013.02	宁夏回族自治区职业教育校企合作促进条例
广西壮族自治区	广西壮族自治区政府	2013.02	广西壮族自治区职业教育校企合作促进办法（试行）
陕西省	陕西省高等教育工作委员会、国资委委员会	2017.05	关于加强校企合作促进科技成果转化 助力追赶超越的指导意见（试行）
吉林省	吉林市政府	2015.12	吉林市促进中等职业教育校企合作若干规定
安徽省	马鞍山市政府	2015.07	马鞍山市职业教育校企合作促进办法
	合肥市政府	2015.09	合肥市推进产教融合校企合作实施办法
	芜湖市政府	2018.01	芜湖市职业教育校企合作促进办法（试行）

资料来源：本文统计的职业教育校企合作地方立法指各省市自治区制定的地方性校企合作为主要内容的政策文件，统计数据来源于各省市地方政府及相关门户网站。

出台的地方校企合作法规，可从属性上作以下分类。

（1）名称分类。

在40件法规中，名称为××省（市、区）校企合作“办法”的为24件，

分布在浙江、河南、江苏、河北等省份，占总数的60%；名称为××省（市、区）校企合作“意见”的为11件，分布在湖北、江苏、湖南等省份，占总数的27.5%；名称为××省（市、区）校企合作“条例”的为4件，分布在河北、广东等省份，占总数的10%；名称为××省（市、区）校企合作“规定”的为1件，如《吉林市促进中等职业教育校企合作若干规定》，占总数的2.5%。

（2）立法形式分类。

颁布主体。地方校企合作立法颁布主体包括地方政府规章、地方性法规、地方行业规章三类；其中33项校企合作地方法规由政府部门颁布，占总数的82.5%；由多部门联合颁布的有《湖南省关于深入推进企业与职业院校合作办学的若干意见》等3项，占总数的7.5%；以教育局为主体颁布的有《南通市进一步加强职业教育校企合作办学的意见》等3项，占总数的7.5%；由行业协会联合教育部门为主体颁布的有《北京市交通行业职业教育校企合作暂行办法》1项，占总数的2.5%。

结构体例。立法结构是法律文件的最直观形式，现行40件校企合作地方性法规的文件结构体例呈现出如下三种模式：一是分章制。即具有文件色彩的章节条款型，如《江西省职业教育校企合作促进办法》由总则、运行机制、保障机制、责任追究四章组成，上虞市、长兴县等皆为此种类型。二是章节条款制。《杭州市人民政府办公厅关于促进中等职业校企合作的若干意见》由指导思想、合作内容、加强宣传等六部分组成，广州市、合肥市皆为此种类型。三是单一法条型。即没有章节，直接由若干法条组成，体例结构较为简单，如《成都市职业教育校企合作鼓励办法》分为十八条对校企合作进行规范，沈阳市、北京市等皆为此种类型。

（3）文本类型。

现行40件校企合作地方立法中以“意见”“办法”命名的有36件，占总数的90%，以“条例”命名的有4件，仅占总数的10%。从法律术语角度看，“条例”是法的代表形式，须人人遵守，违法必究，而“办法”“意见”是法规性公文，与“条例”相比，法律效力较低。

2. 内容分析

通过对40件校企合作地方立法文本分析，发现各地根据本地实际，加强对校企合作的宏观规划和管理，以法规形式明确了企业、行业等相关主体的责任和义务，基本涵盖了立法目的、校企职责、扶持与保障、法律责任等，各地在制定校企合作地方立法时亮点频出。一是因地制宜开展校企合作法规建设工作。各地充分考虑本地的经济、文化和社会发展水平，立足本地实际，确定立法内容，如福建省地处沿海地区，对外交流频繁，《福建省职业教育校企合作促进办法》中结合本地实际，提出探索发展股份制、混合所有制合作办学，发挥企业办学主体作用。二是与时俱进，体现创新性。部分省份在信息化社会的时代背景下，建设了专门的校企合作培训网站，实施网络培训，如《南昌市加强校企合作促进高质量就业的实施意见》中指出，完善就业信息发布网络，进一步做好用工就业信息的网上数据采集和就业信息动态发布工作。

但各地在制定校企合作地方立法时，也存在明显不足。首先，经费保障不明确不具体。我国对企业参与职业教育应当给予的经费支持和政策鼓励没有进行明确规定，如《广西职业教育校企合作促进办法（试行）》中第二十四条指出，“财政、税务等部门应当加大职业教育校企合作经费统筹力度、落实税收优惠政策”，对经费构成、所占财政收入比例、如何使用等没有进行明确规定。其次，法律责任相对空泛偏软。现行校企合作地方立法中存在立法刚性不足，较多规定为柔性规范，校企双方无法明确法律责任。据统计，珠海市、深圳市等10个省份未在法律条文中提及校企合作责任追究体系；部分涉及校企合作地方立法中所采用的法律责任规范词主要包括批评教育、行政处分、责令改正、取消资格等。

总体而言，虽然校企合作地方立法的文本结构体例、名称及内容各不相同，但有一点是共同的，即相对单一和封闭，受单一的问题导向政策制定范式影响，校企合作内容设定上往往局限于一种就事论事、针对特定问题形成分散对策的境地，由于缺乏对政策自身利益诉求的分析，往往导致政策的效应不高，可执行性不强。

（三）职业教育校企合作地方立法控制的关键风险

1. 立法与执法主体相悖，操作困难

现行法律背景下，校企合作地方立法存在立法与执法主体相悖、操作困难等诸多障碍。一是立法与执法主体相悖。校企合作管理主体和执法主体不一致，比如《南通市关于进一步加强职业教育校企合作办学的意见》指出，

“县（市、区）人民政府应当对校企合作发展专项资金的使用情况进行绩效评价，并根据评价结果对资金使用进行调整”，立法主体是南通市教育局，执法主体则为南通市人民政府，立法主体和管理主体相悖，管理机构为教育部门，教育部门有管理职责而无执法权，导致校企合作地方立法执行力与强制力不足。二是校企合作地方法规操作性不强。现行地方校企合作法规中，大多是概括性或原则性规定，对校企合作各方的责、权、利没有明确，缺乏对企业参与职业教育的刚性规定，更没有激励机制，政策文件内容停留在号召层面，如《苏州市职业教育校企合作促进办法》指出，“企业应当接纳职业院校学生实习和教师实践”，对学生实习人数、时间等详细操作性比例并未提及，政府及其职能部门职责履行也无明确规定，导致校企合作操作性不强，只能成为学校单方意愿。

2. 促进校企合作的保障、奖惩措施不够明确具体

一是企业参与校企合作保障机制落实困难。地方法规中对推动校企合作的实质性支持力度不够，参与企业在校企合作过程中没有得到必要的成本补偿，也没有提高社会声誉的表彰，如《湖南省关于深入推进企业与职业院校合作办学的若干意见》中提出“加大对校企合作的政策支持中侧重点在于保障职业院校校企合作的权益”，这些法规中针对企业权利保障方面仅有取得所得税优惠的提议，但对优惠力度、份额并未明确指出。二是缺乏有效的激励、问责机制。在校企合作地方性法规中，不止一次强调“政府主导”的方针；校企合作中，政府承担着重要的管理职责，成为校企合作过程中唯一的激励主体，但在具体实践中，政府部门对于校企合作的参与度较差，大多数地方政府主管部门未对校企双方权利、经费、保障措施等做出明确而有力的规定，如《十堰市政府关于进一步加强职业教育校企合作的意见》中指出，“市政府设立人力资源建设突出贡献奖，对校企合作取得成效的企业法人给予奖励”，但针对如何奖励以及奖励形式、内容并未作出明确规定，仅有原则性表述不利于激发企业参与校企合作的积极性，也不利于职业教育发展良好环境的形成。

3. 校企合作目标存在分歧，利益关系混乱

校企双方利益诉求分歧，制约双方合作。一是目标存在分歧。校企合作过程中，学校希望企业为学生提供实习条件，加强技能应用等，企业希望获

得技术支持、赢得社会声誉，但人才培养需要一个较长的时间周期，其产出很难在较短时间内转化为生产力，以营利为目的的企业在校企合作过程中，将挤占企业投放在经营事业上的宝贵时间与其他资源，短期内看不到可能得到的回报，也就大大降低了参加合作培养的动力和积极性。二是利益关系混乱。校企合作本质上来讲是一种资源交换，需要公共政策的引导和公共财政的支持，必须遵循政府主导的原则，但在实际操作过程中缺乏法律监督机构、责任主体不一。我国的职业院校与企业分别归属于教育行政部门和行业主管部门管理，而学校工作中的“人”“财”“物”又分别属于不同的行政部门管理，必然导致较大的合作风险。

（四）职业教育校企合作风险防范的对策

以法律方式确定、规范教育领域内的各种关系，是建立完善教育体制、推动教育事业持续健康发展的有效途径。应通过立法及时规避校企合作潜在风险，通过法律手段为校企合作可持续发展保驾护航。

1. 提升法律保障水平，建立成本分担机制

实现职业教育良性发展，需要多方面的支撑。一是提升校企合作的法律保障。校企合作是一项多方参与的公共事务，单靠制定校企合作单行法律法规无法解决问题，需要建立一个完整的校企合作法律体系。应明确校企合作中相关利益主体的法定身份，规范办学行为，对校企合作的实习时间、效果等进行明确规定，形成规范性制度，建立完善的评估体系，对校企双方实习基地、办学标准等进行法制化监管与监督，落实责任追究制度，消除校企合作立法目的难以达到的窘境。二是建立成本分担制度。校企双方的行为规则和利益诉求不同，两者是否能进行合作，取决于是否具有确保它们实现共赢的制度和法律保障。校企合作过程中，政府、学校、企业等作为多重参与主体，利益诉求不同，在利益博弈过程中，部分企业存在“搭顺风车”的消极行为，倾向于将参与人才培养的成本和风险转嫁至其他企业。因此，应建立成本分担机制，从法律制度层面上规范企业参与行为，可借鉴《芜湖市职业教育校企合作促进办法（试行）》，“企业支持职业教育事业的公益性捐赠支出，在年度利润总额12%以内的部分，准予在计算应纳税所得额时扣除；超过年度利润中12%的部分，准予结转以后3年内在计算应纳税所得额时扣除”，以明确校企合作经费保障。

2. 着眼持续发展，构建领导协调小组

应强化制度保障，搭建校企合作平台，着眼持续发展。一是完善法规体系。校企合作地方立法和监管体系应适应时代发展的新形式，在针对性、前瞻性上下功夫，立法与改革有机结合，根据职业教育自身发展规律，落实校企合作法制建设的配套性制度，并借鉴国外立法实践与立法体系建设经验，建立健全立法、执法和监督的法律运行体系，共同推进政府部门和行业、企业等利益相关方的参与，适应现实需要。二是政府主导，建立领导协调小组。应发挥政府主导作用，由政府牵头成立校企合作领导小组，领导小组下设办公室，教育主管部门分管领导任办公室主任，政府牵头对学校、企业、行业等利益相关方定期召开联席会议，及时处理校企合作出现的难点与问题。此外，政府除在税收方面加大优惠力度，还要在政策上给合作企业以支持，在合作企业的选择和培养上，应更多着眼于有较强综合实力、管理完善、技术成熟的企业，对其进行相关政策宣传和动员，使其率先步入职业教育校企合作人才培养的队伍中，引领其他企业并与之形成协同效应，促进校企合作发展。

3. 完善利益分配机制，保障校企合法权益

合理的利益分配机制是校企合作的基础，应构建利益分配机制，保障校企合作权益。一是找准专业与企业的利益共同点，创新利益分配机制。应放开视野，扩大覆盖面，尽可能涵盖校、企双方目标，使社会共同利益得到维护；出台对校企合作办学和基地建设的奖励、让利、服务、扶持等优惠政策，建立市场化运行机制，形成校企合作办学利益共同体；明确企业参与职业教育形式以及承担的义务和不尽义务的企业所承担的后果；立法中吸纳学校、企业等各方利益主体的价值诉求。借鉴国外经验，如德国用法律形式规定了“企业必须履行校企合作义务，否则，企业要支付相应数额款项给行业协会，由行业协会用于促进其他企业与职业院校的合作”。二是从制度层面上，保障校企合作权益。各级地方政府应根据本地经济发展情况、校企分布、合作需求等情况，明确政府、企业、行业对校企合作的投入责任，加速产学研一体化发展，助推企业持续发展和经济转型升级，进一步完善“政府统筹、企业主导、职校融入”的现代校企合作模式，明确企业应当承担职业教育费用的具体规定，提高执法力度，使企业成为职业教育实施的主要承担者。此外，

以政府购买服务的形式，引进第三方评价机制，以第三方介入的形式，强化行业监督职能等，制定约束性条款，加强各行业组织协调作用，完善法规政策，降低企业参与成本，推动校内生产实训。

4. 突出地方立法特色，营造良好环境

在不违背上位法规定的基础上，着力体现地方校企合作法的特点，将那些优秀的、成熟的地方经验纳入本地立法，切实解决地方校企合作中遇到的实际问题，提高立法针对性和可执行性。一是校企合作地方立法应具备特色性与行业性。我国幅员辽阔，各省市的省情、市情有别，在一个省域内的各地方情况也不完全相同，立法机构在制定校企合作地方性法律体系时应做好规划、调研，紧密结合当地的经济、文化、风俗，深入到开展校企合作的学校中。此外，鉴于职业教育鲜明的行业属性，可参照《北京市交通行业职业教育企业合作暂行办法》，考虑将专业大类的相关行业主管部门作为校企合作的主要管理机构，对校企合作的各个方面进行统筹规定，并由其进行校企合作的督导、评估。二是校企合作地方立法应与时俱进，营造良好环境。教育行政部门应转变管理方式，严格根据法定的权限和程序办事，实现政务公开，面向民众，完善社会协同考核机制，实现社会参与自治，回应和科学民主决策群众利益诉求表达机制等，制定出台职业院校人才培养方案指导意见，推行现代学徒制，推行集团化办学模式、改进产教融合、校企合作的办学模式，与现代科技紧密相连，融入人工智能，推行智能化职业教育校企合作项目，与时俱进制定出台促进产教融合意见和校企合作促进办法，为校企合作营造良好环境。

第三节　校企合作中的法律问题及法律制度建设分析

“产教融合、校企合作”是国家推行的职业教育发展及教育质量提升的主要方式。从 1991 年到 2019 年，我国先后发布了《国务院关于大力发展职业技术教育的决定》《关于加快发展现代职业教育的决定》《国务院关于印发国家职业教育改革实施方案的通知》等一系列和产教融合相关联的政策，这

些政策性文件的出台为校企合作的法制建设提供了良好的基础。不过，因为企事业在职业教育中的地位、承担责任还不够明确，导致了企业在参与办学和产教融合的过程中存在参与度不够，内在动力不足的现状。

一、校企合作中的法律问题

在当前的校企合作法律制度建设中存在法律体系不健全、法律关系不明、法律风险无法规避等弊病，这些问题导致当前的产教融合在建设过程中与区域经济发展、产业需求存在严重脱节的情况，整个校企合作体系缺乏长期维持和运转的问题，这使得未来的产教融合建设困难重重。

（一）法律体系不完善

对于职教发展，国家很早就给予了重视和关注，先后颁布了数条相关法律，较早的《教育法》《职业教育法》甚至已有二十多年的历史。但是，在经济形式逐渐发展和变革的当下，法律制度内容却没有及时更新，很多法律依据和产教融合的建设环境不匹配，例如，《职业教育法》中并没有直接涉及“校企合作”的法条内容，大部分法规只是侧面提及企事业单位需要履行义务教学，而没有针对产教融合中的职教人才培养提出明确规定。这使得产教融合过程缺乏相关法律依据，企业在校企合作中扮演什么样的角色，需要承担哪些教育责任，校方应该如何处理学生与企业间的关系，应当为学生在企业实习期间提供什么样的保护和工作支持，相关法律法规都没有予以明确。现下，国内的校企合作主要依赖于政策性文件来解决彼此的冲突问题，相关法律制度的运用则较少，这从侧面也显示出在校企合作上法律依据的缺少。同时，虽然政策性文件起到了处理法律问题，维护校企合作发展的作用，但政策毕竟不是法律，在职教校企合作的法制建设中不能完全依赖于政策性文件，让“依文件治校”代替“依法治校”。

（二）法律风险无法规避

法律体系不健全引发的另一个问题是校企合作过程中，参与各方的主体法律关系无法明确，彼此承担的法律风险也无法预估。针对这类问题，以教育部为主导的“六部”曾在 2018 年制定了《职业学校校企合作促进办法》，其中，政府指出，校企合作的主导者为校方，推动和行业指导者为政府，实施主体为校企双方，该《办法》的提出在一定程度上明晰了政府、学校、企业三方在产教融合中的身份和作用，但对于产教融合中作为直接实施主体的学生，以及学生和企业、学校之间应该表现为什么样的关系，三个主体的权利义务又有哪些，该怎么界定，都缺乏法律上的明确。例如，学生是校企合作中的参与主体之一，但学生地位却远不如校方和企方一样重要，从而造成了学生在校企合作中通常没有主动权，被侵权的风险极高。举例来说，顶岗实习是校企期间的主要开展方式，但在顶岗实习期间，学生和实习单位不存在法律规定的劳动法律关系，虽然用人单位和学生可以签署劳动协议，但根据相关教育法规，学生实习的主要目的是强化理论知识的实践，工作与劳动是次要，企业在其中是培养方案和培养环境的提供者与执行者，学生并不是真正意义上的企业劳动者，彼此没有形成合法的劳动关系，《劳动法》的相关对应也没法对学生的权益形成保护，学生有很大可能被作为免费劳动力使用，而且在企业生产过程中如果发生伤害事故，以《工伤保险条例》和《劳动合同法》对员工补偿的规定，非正式员工的实习学生除了依靠商业保险取得补偿保障，也难以获得与正式员工对等的工作赔偿。加上商业保险的购买并非产教融合的硬性规定，这使得校方和企事业单位会刻意忽略或者将购买行为转嫁给学生，加重学生负担。

二、校企合作的法律制度建设完善策略

社会学家劳伦斯·M. 弗里德曼在《法律制度——从社会科学角度观察》中说“法律制度是一种配给制度，是对社会权力分配的映照。”劳伦斯认为，权利是建设和完善法律体制的基本材料。校企合作中的法律问题在于权责利划分不明确，参与主体的承担义务和合法权益没有法律依据。所以针对当前校企合作过程中存在的法律问题，需要对各方的权利与义务关系做出详细解释。

（一）教育行政关系的确定

校企合作是在学校与企业的合作协议上实施的教育模式，尽管它的实施主体是学校和企业，但二者并不是唯一的法律关系，政府和学校、政府和企

业、学校和企业、学生和企业都是校企合作法律关系中涉及的权责利对象。政府是校企合作项目的主导者，也是引导和评估者，学校则是校企合作的方案制订者，负责开展公共课和就业指导等，因此，需要按时接受有关部门的监督，履行对应的评价和考核义务。在校企合作中，学校和企业是关系最紧密的领域主体，它们各自的领域性质不同，学校是负责教育，企业则代表生产和经济，校企合作严格意义上说是跨界合作，因此，学校和企业的合作协议必须基于一种针对该合作行为的特殊法律关系而实施。这种法律关系可以称为教育合同关系，在这个关系中，企业承担入职培训、实习管训，发展和终结性评价等权利，在学生实习中需要承担对学生的教育义务，包括配备指导教师，对学生进行岗位安全普及等。而学校则要负责企业选择以及学生的就业推荐等任务，确定实习计划和实习内容是否对学生有利，如果发生相关问题，校方也应当承担对应的责任。

同时，在校企合作中，学校需要明确承担对学生的民事法律责任和教育行政法律责任，不能因为学生进入实习岗位便解除与学生的法律关系。如果学生在工作期间遭遇到相关问题，校方也应该作为学生法人组织对学生的人身和财产关系依法处理，同时以学校名义承担对应的法律责任。

（二）法律风险的规避

由于学生不是企业的正式工作人员，双方的关系更接近于教育关系，所以《劳动合同法》中的诸多法律依据并不能有效应用。这使得学生在岗位实行期间，是否需要履行企业义务，是否需要遵守企业规定，企业是否应该给学生提供正式员工的法律保障都成为大问题。基于此，《职业教育法》应当对参与主体的法律关系及法律义务予以明确，即学生虽然不是企业的正式员工，但因为在岗位工作，为企业的生产提供了劳动力支援，故双方本身是准劳动法律关系，因此，在校企合作中，企业必须为学生的实行提供对应的员工保障，给予匹配的劳动报酬，学生则需要尊重实习企业的规章制度和企业文化，保守企业商业秘密，在学生发生商业泄密或者对企业生产及经济发展造成破坏的情况下，校方和学生需要为企业的损失承担对应的法律赔付责任，而学生在实习期间出现工伤意外等情况时，企业也必须为学生提供正式员工应当享受的赔付保障。除此之外，《职业教育法》还应当针对“校企合作”中涉及的教育执法给出详细的条文规定，明确对应的教育处罚程序和处罚措施，地方政府也需要尽快打造教育执法队伍，对校企合作的参与者进行法律监督，确保其严格履行法律规定，避免出现校方或者企事业单位逃避法律责任，侵犯其他参与主体合法权益的现象发生。

第四节　构建完整的职业教育校企合作法律制度体系

一、构建完整的职业教育校企合作法律制度体系

职业教育承担着为社会进步和经济发展提供人力资本的重要职能，由于职业教育涉及多个部门、多个行业、多个主体，而且各个地区由于经济发展的差距，职业教育的实际情况也各有不同，因此，《职业教育法》要得到真正全面推广、有效施行，绝不是《职业教育法》单单一部法律所能完成的，只有完善的法律制度体系才是实现职业教育法制化的前提和基础。在我国，应不断健全和完善以《职业教育法》为核心的层次分明、内容完备的职业教育校企合作法律制度体系，形成由职业教育校企合作基本法律、职业教育校企合作单行法律、职业教育校企合作行政法规、职业教育校企合作部门规章、职业教育校企合作地方性法规和规章、职业教育校企合作相关法律法规共同组成的内容全面、层级清晰的职业教育校企合作法律制度体系。

（一）完善《职业教育法》

应修订现行《职业教育法》。《职业教育法》是我国职业教育校企合作法律制度的单行法，是《职业教育校企合作促进法》及其他校企合作法律法规制定的基础和依据。《职业教育法》的完善应该以《宪法》和《教育法》中关于职业教育的条款为指导，为校企合作的合同模式提供保障、指明方向。其立法应偏重原则性与指导性，方便上位法与下位法的衔接；在内容上，应强调企业在职业教育中的责权利，规定各利益方在职业教育资金投入上的责任，严格就业准入制度、资格证书制度，补充法律责任、监督检查及救济制

度部分的内容。关注职业教育法条款的指导性与操作性，尽可能地使用强行性规范而非倡导性规范。修订后的职业教育法，将为职业教育校企合作的一系列法律制度的制定提供依据。

（二）协调职业教育校企合作相关法律制度

职业教育校企合作相关法律制度是涉及职业教育校企合作各方面问题，并对职业教育的发展产生影响的有关法律制度，如德国的校企合作相关法包括《企业基本法》《劳动促进法》《青少年劳动保护法》。我国应制定协调职业教育校企合作的相关配套法、实施细则以及各地区的校企合作促进条例。如针对就业准入，劳动部门应制定相关法律制度；针对企业税收优惠，税务部门应制定相关实施细则；针对未成年人实习工作，劳动部门应出台相关实施办法等。

（三）关注职业教育校企合作立法的适时性

职业教育与社会经济发展联系最为紧密，职业教育法应及时反映经济发展的最新需求，对经济发展与职业教育出现的难题，应用立法加以引导与解决。目前我国职业教育立法明显滞后于社会经济现实和职业教育改革的需要，虽然法律具有一定的稳定性，但也应随着社会的发展、不同问题的出现，有相应的调整。同时，在社会发展进程中，社会经济问题及职业教育问题很多，不可能通过一部《职业教育法》解决所有问题，为此应及时地对《职业教育法》进行修改、编纂、解释和废止，并且同时根据社会发展的需求编制相应的职业教育校企合作法律制度。如日本职业教育校企合作相关法律制度随着社会的进步处于不断调整的状态中，如 1985 年颁布的《职业能力开发促进法》在八年时间里经历了四次修改、调整与修正，借鉴与创新已成为日本职业教育立法的主要特色。因此，不仅要加快我国职业教育校企合作相关法律制度的制定，而且要关注现行法律实施中存在的现实问题，对现行职业教育相关法律制度适时修订。

（四）在借鉴与创新的基础上以社会需求立法

职业教育的立法需总结别国的经验与教训，在借鉴与模仿的基础上，重视职业教育法制的本土化，关注职业教育法律在本国实际中的调整和适用，通过学习与创新，完善本国的职业教育法律制度。因此，我国在职业教育校企合作法律制度建设过程中，不仅要系统分析发达国家职业教育校企合作法律制度的经验，也要尊重本国职业教育发展的特殊性。同时，职业教育校企合作立法必须要适应社会发展需要。随着社会的进步，企业也会产生不同的变化，职业教育校企合作法律制度应及时反映社会发展、企业变化的最新需求，在满足社会需求的进程中不断完善职业教育校企合作法律制度体系，调整职业教育中各方关系，解决社会矛盾，促进职业教育的发展，提高劳动者素质，增强国家在经济社会发展中的竞争力。

二、确定我国职业教育校企合作立法的基础性问题

构建职业教育校企合作法律制度体系，必须确定我国职业教育校企合作立法的基础性问题，对职业教育校企合作的概念、内涵，校企合作的主体、校企合作立法的法律位阶等一系列基础性问题做出明确的界定。

（一）职业教育校企合作立法对校企合作内涵的明晰

职业教育校企合作不是一般意义上的企业培训、企业职工的成人教育及继续教育，也不是指所有学校和企业的合作，它主要是指从事职业教育的初等职业学校、中等职业院校、高等职业院校与企业合作培养技能人才的一种方式。合同模式下的职业教育校企合作是指我国职业教育中进行学历性职业教育类院校与企业之间的深度合作关系。我们在界定职业教育校企合作时，要明确职业教育与成人教育、职业教育与其他类型教育的关系，从法律上明晰职业教育校企合作的内涵。

（二）职业教育校企合作立法对主体的界定

职业教育校企合作立法需要对参与职业教育校企合作的主体进行界定，在具体的立法中清晰明确这些主体在校企合作中法律赋予的可以享受的权利、应当承担的责任与应尽的义务。

在职业教育中，职业院校的主体地位是不言而喻的，而企业往往作为协助者的形象出现在职业教育的视野中。在合同模式职业教育校企合作中，学校与企业签订合同，都是职业教育的主体，必须以法律的形式明确企业甚至

行业在职业教育中的主体地位，使企业意识到参与职业教育并不仅仅是资金的投入、实习场地的提供，而是必须履行的社会责任。其他相关主体还应包括政府、教师、学生等。

（三）职业教育校企合作立法法律范畴

在当前的职业教育法律制度下，校企合作属私法调整，非公法范畴。校企合作法律关系在当前的制度框架下被解读为一种民事合同法律关系，当事方往往仅指学校和企业，而政府、行业和学生则不是当事方，而只是利益相关方。

区分公法和私法，应当分析公法与私法的区别，以确定职业教育校企合作所属法律范畴。所谓公法，就是维护国家利益和整个社会利益的法律，它主要调整国家机关与国家机关之间，国家机关与私人、私团体之间以及整个社会利益之间的关系，这种规范调整以权力服从为基础、为特征。发生公法关系的各方当事人中，必有一方是国家机关或由国家机关授予公权力的机构。所谓私法，则是维护一切私人或私人团体的利益的法律，凡属于与国家权力无关的私的领域所发生的社会关系即由私法调整，这种规范调整以平等自愿为基础、为特征。

（1）从利益保护的重心来看，公法以维护公共利益即“公益”为主要目的，私法则以保护个人或私人利益即“私益”为依归。校企合作立法所要实现的是以“公益”为主要目的，保障公民受教育权，为企业的发展提供人力资本，促进社会经济的发展。公法维护公共利益，是政府实施调控和干预的依据。如果校企合作立法属私法范畴，校企合作即会出现一系列问题，因为私法以保护个人或私人利益为目的，所寻求的是各自独立的私人利益，政府在其中不会发挥很大的作用，而企业在私法的范畴下，寻求的是企业利益最大化，职业教育人才培养的责任基本落在学校身上，校企合作即会流于形式。

（2）公法奉行“国家或政府干预”的理念，私法遵循“意思自治”“私法自治”的原则。当前校企合作法律更多关注的是学校方面，国家或政府的干预不多，国家或政府往往以校企合作纯属学校自主办学权为由不作为。而学校是国家承担教育功能、保障公民受教育权的载体，其利用政府赋予的资源和权力实施职业教育。作为学校，与企业进行有效的校企合作，是离不开国家或政府的干预的，缺乏国家或政府的干预，职业院校寻求企业合作支持时往往会遭到企业的冷遇。企业拥有良好的设备、技术和管理资源，却为了降低成本不愿意无偿让学校使用这些资源，即使同意学生到企业实习，在实习、实践过程中，学生也往往被企业当做廉价劳动力使用，无法达到培养学生的目的。如何让企业提供资源运用于职业教育事业，如何与企业深度合作，国家或政府的干预变得十分必要。所以，校企合作立法当属于公法范畴，由政府指导、管理、监督企业履行职业教育职责，企业与职业院校遵守法律制度规定的责权利，共同培养技能人才，推动社会经济的发展。

三、明确我国职业教育校企合作的形式及利益主体的权利和义务

职业教育校企合作涉及的部门众多，包括政府及相关职能部门、行业、企业、职业院校、教师、学生等多个参与体，要使各参与体真正在职业教育校企合作的发展中有所为，关键是要完善相关立法。在职业教育校企合作法律制度中，必须明确政府及相关职能部门、行业、企业、职业院校、教师、学生在校企合作中的责权利，规范各参与体的行为。在这多个参与体中，最关键的是政府及相关职能部门、学校、行业企业三个主体，需要规范校企合作这三个关键主体的权利和义务，并通过制定相应条款保证其履行法律赋予的责任和义务。

在职业教育校企合作关系中，各参与主体在其中发挥着不同的作用。政府及相关职能部门主要通过出台法律制度，指导协调职业教育校企合作，并监督保证相关法律制度的执行；职业院校主要依据相关法律规定，积极联系相关企业，负责与企业签订合作合同，与企业在学生实习、教师实践培训以及其他技术合作等方面开展合作。在学生实习期间，保证实习学生和实践教师遵守企业规章制度和劳动纪律等；行业主要负责引导本行业企业与职业院校开展校企合作，协调本行业企业与职业院校在校企合作中出现的各种问题，并参与职业资格证书标准的制定、职业资格评估鉴定等工作；企业主要负责接纳职业院校学生实习和教师实践，为职业院校的专业课程提供有经验的指导教师以及与职业院校合作建立实习实训基地、实验实训室、实习生产车间等。

（一）政府及相关职能部门的主导责任

职业教育具有公益性特征，职业教育的发展不仅为经济的发展提供技能人才，而且职业教育具有经济正外部性的作用，对社会人员素质的提高及整个社会安定团结也起着积极的作用，因此，政府应担负发展职业教育的主导责任。在校企合作中，政府应承担校企合作一系列法律制度的颁布及保证法律制度的有效执行，保障校企合作合同模式运行等的主导作用。

一是建立校企合作发展专项资金，明确资金的使用、管理监督办法等；二是职业教育是一种跨界的教育，不仅跨越企业，还跨越教育行政部门、劳动保障部门、财政和税收等其他政府相关部门，这需要建立一个权威的协调机构，因此，在制定校企合作法律制度时，应明确规定县级以上人民政府建立由教育行政部门、劳动保障部门、财政和税收等其他政府相关部门组成的职业教育校企合作协调委员会，统筹协调区域内职业教育校企合作工作，负责管理、监督校企合作发展专项资金的使用，协调职业教育校企合作中出现的困难和矛盾，监督职业教育校企合作法律的执行，推进就业准入制度，保证企业的真正参与；三是制定企业参与校企合作的优惠条款，并监督保证一系列税收、信贷优惠的落实，提高企业参与校企合作的积极性，鼓励企业真正参与到校企合作中来；四是利用政府的信息平台，给职业院校与企业校企合作牵线搭桥，宏观调控。

（二）行业组织的引导与协调责任

行业组织起着协调管理本行业企业运行的作用，应该对本行业的经济活动有极大的影响，其发挥的作用往往是政府无法替代的。在职业教育中，行业组织通常应是职业教育与培训的组织者，负责职业教育与培训的管理，负责职业教育职业资格证书标准的制定，负责职业资格证书的考评，负责职业教育与培训活动的监督，负责协调校企合作中企业方面出现的问题等。因而，行业组织在校企合作过程中具有不可忽视的重要作用。由于我国行业组织的发展极其不成熟，且在推动职业教育发展与促进校企合作方面的意识薄弱，其通常成为各企业有资历人员预备退休的场所。但在校企合作相关立法中，应强调行业组织的地位，使其能引导和协调本行业企业与职业院校的校企合作，将行业组织参与职业教育校企合作的责任上升到法律层面，从而带动我国行业组织的成长与成熟，逐步提高行业组织的重要性。

（三）企业的主体责任

校企合作，仅从字面上解释，企业也必然是职业教育校企合作的主体。企业参与校企合作，不仅能提高职业教育人才培养的质量，承担一定的社会责任，而且也符合企业自身持续发展的需要。关于职业教育校企合作中企业的责权利，在我国《职业教育法》中涉及非常少，仅在第二十三条规定，职业学校、职业培训机构实施职业教育应当实行产教结合，为本地区经济建设服务，与企业密切联系，培养实用人才和熟练劳动者。在法律中没有确定企业的主体地位，因此，在职业教育校企合作法律制度建设中，应明确企业在职业教育中的主体责任，规定校企合作双方的责权利。

一是企业应与合作院校签订校企合作合同，在合同中明确企业所应担负的责任及所起的作用；二是企业参与职业院校人才培养目标的确定、培养方案的制订、培养内容的设计、培养考核的实施等；三是企业支持合作院校实训基地建设，从技术层面为实训基地的建设提供专业指导；四是企业应当接纳职业院校学生不低于一年的实习，为实习学生提供实习实训场地、机器设备及原材料，并为学生在实习期间所付出的劳动支付报酬，确保学生到企业实习的权益；五是安排有经验的师傅做学生实习、实践前的安全培训工作，做好实习、实践期间的劳动保护及安全卫生等工作，学生的实习工作应当在工种、劳动时间、劳动强度和保护措施等方面遵守相应的法律条款（在职业教育校企合作立法中应作出详尽的规定），不得安排学生从事过重、有毒、有害、超时的劳动或者危险作业，不得安排实习学生从事不符合实习特征或与实习内容不一致的工作；六是企业支持合作院校“双导师”型师资队伍建设，接纳合作院校的专业教师进入企业实践学习，对参加实践的教师提供符合国家规定的劳动安全卫生条件和必要的劳动防护用品，同时选派技术能手到合作院校担任教师培训的兼职教师，在教学实践中提高职业院校师资的技能水平；七是企业应与职业院校开展多种形式的合作办学，如与职业院校联合组建职业教育实体或其他形式的产学研联合体。

（四）职业院校的主体责任

职业院校是职业教育的直接实施者，直接从职业教育校企合作中受益，

因此，职业院校应负责与企业签订合作合同，与企业在学生实习、培养目标设定、培养内容确定、专业设置、课程开发、就业推荐、师资培训、技术改造等多方面开展合作。职业院校应当积极主动地加强与企业的联系，与企业做好毕业生就业情况反馈，与企业共同在学生的培养中寻求最有效、最满足企业需求的方式；应寻求可行的技术创新项目，与企业合作，帮助企业进行技术改造，并同时锻炼提升职业院校学生与师资的技能操作水平与创新水平；应建立学生和教师到企业实习、实践的制度，专业教师到企业或生产服务岗位进行实践锻炼的制度；应聘请企业的工程技术人员、能工巧匠兼任专业课教师或学生实习、教师实践的指导教师；应加强对实习学生和实践教师的职业道德教育和安全教育，保证实习学生与实践教师在企业实践中遵守企业规章制度和劳动纪律，保持良好的职业道德。

四、确保职业教育校企合作法律制度内容保障受教育者权益

职业教育是以就业为目的，培养应用型人才的一种教育形式。对职业教育的立法应不仅包含指导性的原则规定，而且需要有具体实施的详尽条款，需具备可操作性，立足于现实要求，对要解决的问题、要达到的目标、要采取的措施进行详尽地规定，内容具体并配备相应法规以及实施细则。同样，由于职业教育的特殊性，对职业院校的学生在与企业的合作中可能出现的种种无法预计的问题，需提前在法律条款中予以限定，这主要体现在职业教育校企合作的合同制订和保障受教育者权益的条款方面。

（一）规定职业教育校企合作合同的订立、履行、变更和终止标准

职业教育校企合作立法中对合同订立、履行、变更和终止标准进行详尽的规定，能充分保障受教育者的权益。在德国，学生进入“双元制”职业教育系统学习，首先必须与符合资质要求的教育企业签订书面培训合同，再进入职业学校学习，合同内容包括职业培训期限、学徒每天的工作时间、试用期、休假时间、学徒的报酬以及解除合同的先决条件等。目前我国职业教育校企合作缺乏具体实施条款，校企合作合同的制定没有明确的法律依据，双

方多根据自身的实际情况以签订协议的方式来进行校企合作，缺少法律合同的约束，导致学校与企业的合作具有较大的随意性，最终无法保障受教育者在校企合作中的权益。因此，在职业教育校企合作法律中需对校企合作合同的订立、履行、变更和终止标准进行详细的规定，如对学生实习期间的工作时间、安全措施、休假时间、报酬标准，合同变更与解除标准，处理争议的条款，违约责任等具体内容作出强制规范。一方面使职业院校学生在合同的保障下能安心地学习实践；另一方面，当出现意外情况时，可以有解决问题或纠纷的相关依据。

（二）保障受教育者实习期间的基本权益

在职业教育校企合作中，学生的实习应得到保障，应有相应的法律条款将实习的学生即事实上的劳动者纳入劳动法保护范围，并规定实习最低工资标准，保障学生实习获得相应报酬。

尽管我国对于最低工资制度有统一的立法，但全国并不实行统一的最低工资标准，而是由各地政府结合本地具体情况，综合考虑本地平均工资、劳动生产率、就业状况等因素制定。总体来讲，最低工资标准有两种形式，小时最低工资标准和月最低工资标准。依据适用范围的不同，可以将二者划分为适用于非全日制劳动者灵活就业的最低小时工资和适用于全日制劳动者稳定就业的月最低工资。校企合作学生实习作为比较灵活的工作模式通常不符合全日制用工标准，且最低工资在劳动法中具有劳动者本人及平均赡养人口的最低生活费用等特定的含义，校企合作中学生实习更多是为了丰富实践经验，不能无限制地要求企业最低工资标准适用于学生。因此，应参考我国对非全日制用工工资标准的规定，制定学生实习小时最低工资制度，保障实习学生获取相应劳动报酬的权益。同时，从学生劳动价值的角度和企业社会责任的角度来讲，都需要制定专门的法律制度来保证企业给予实习学生合理的报酬，建立校企合作实习学生合理的报酬体系。

同时应明确学生最高工时标准，保障学生休息权。强制规定企业不得安排学生实习总时长超过 12 个月，不得安排学生实习每日超过 8 小时、每周超过 40 小时。对于违规企业应给予必要的行政处罚，从而保证学生实习作为事实劳动者的自由权和安全权。

参考文献

[1]潘斗风. 民办高校校企合作模式问题及对策研究[J]. 企业改革与管理,2015(5):148+150.

[2]张威,帅相志,蔡云. 民办高校深化校企合作的路径与对策[J]. 中国成人教育,2014(20):29-32.

[3]光莉莉,黄正平. 校企合作人才培养的难点和对策研究[J]. 云南社会主义学院学报,2012(6):159-160.

[4]叶亚丽. 民办高校校企合作研究[J]. 时代经贸,2013(14):207.

[5]郎金花. 民办高校校企合作存在的问题及对策思考[J]. 中小企业管理与科技(上旬刊),2015(10):259-260.

[6]宋梦,付立彬. 民办高校"校企合作、工学结合"人才培养模式研究与实践[J]. 价值工程,2015(17):253-255.

[7]杨扬,武鹤,刘海苹,等. 基于校校、校企合作的"双师型"教师队伍建设的探索与实践[J]. 高等建筑教育,2014,23(3):9-12.

[8]阳征保,肖淑葵. 略论区域高职院间校校合作办学的意义[J]. 经济师,2006(2):110-113.

[9]马成荣. 校企合作模式研究[J]. 教育与职业,2007(23):8-10.

[10]肖放鸣. 校企合作人才培养模式探索与实践[J]. 中国职业技术教育,2010(14):100-102.

[11]徐科军,黄云志. 校企合作创新人才的探索与实践[J]. 中国大学教学,2014(7):54-57.

[12]刘春玲,杨鹏. 高职教育校企合作问题及内涵发展路径[J]. 黑龙江高教研究,2014(1):118-120.

[13]陶言诚. 高等职业教育校企合作人才培养模式现状及展望[J]. 职教论坛,2013(23):67-69.

[14]张忠信,高红梅. 校企合作的理论探索与实践[M]. 沈阳:辽宁大学出版社,2007.